大人のための社会科
未来を語るために

井手英策・宇野重規・坂井豊貴・松沢裕作

有斐閣

目　次

第Ⅰ部　歴史のなかの「いま」

3 時　代

第Ⅱ部　〈私たち〉のゆらぎ

6 私
●自分の声が社会に届かない　102

第Ⅲ部　社会を支えるもの

9 ニーズ

●税を「取られるもの」から「みんなのたくわえ」に変える

第Ⅳ部　未来を語るために

著者紹介

井手 英策（いで　えいさく）　序・2・9・11章

一九七二年生まれ。慶應義塾大学経済学部教授。東京大学大学院経済学研究科博士課程単位取得退学、博士（経済学）。専門は財政社会学。著書に『経済の時代の終焉』、『分断社会を終わらせる』（共著）など。

❖いまの日本社会に違和感のあるみなさん。諦める前にこの本を手にとってみてください。きっと「いま」を「よりよい未来」につなぐヒントが見つかるはずです。「私の不安」を「私たちの希望」へと変えるためのヒントが！

宇野 重規（うの　しげき）　6・8・12章

一九六七年生まれ。東京大学社会科学研究所教授。東京大学大学院法学政治学研究科博士課程修了、博士（法学）。専門は政治思想史、政治哲学。著書に『政治哲学へ』、『トクヴィル』など。

❖政治学者ですが、選挙制度や政党のあり方と同じくらい、あるいはそれ以上に、一人ひとりの人間の生き方、働き方、そして人と人のつながり方に関心があります。なぜなら、それこそが本来の意味での「政治」だからです。

坂井 豊貴（さかい　とよたか）　1・4・7章

一九七五年生まれ。慶應義塾大学経済学部教授。ロチェスター大学経済学博士課程修了、Ph.D.（経済学）。専門は社会的選択理論、マーケットデザイン。著書に『マーケットデザイン』、『多数決を疑う』など。

✣僕にとって社会科って、社会の仕組みを学ぶだけじゃなくて、社会という怪物と適切な関係を結ぶためのコミュニケーションツールなんです。激流の時代を生き抜く大人にこそ社会科はあったほうがいい。新手のライフハックにこの本をどうぞ。

松沢 裕作（まつざわ　ゆうさく）　3・5・10章

一九七六年生まれ。慶應義塾大学経済学部准教授。東京大学大学院人文社会系研究科博士課程中途退学、博士（文学）。専門は日本社会史（近世・近代史）。著書に『町村合併から生まれた日本近代』、『自由民権運動』など。

✣私は本来、何も考えずにぼんやり暮らしたいと思っているやる気のない人間です。しかし社会は複雑なので、そういうわけにもいきません。結局、平穏無事に暮らすために、「考える」という回り道があるのだと思います。

◇カバーイラスト＝田中圭一

序

社会をほどき、結びなおすために
——反知性主義へのささやかな抵抗

回 思考停止の社会

　知的な権威に批判的な態度をとる「反知性主義」が叫ばれるようになって、ずいぶん時間が経ちました。Brexit《ブレグジット》（イギリスのＥＵ脱退）や二〇一六年のアメリカ大統領選挙をみていますと、この傾向は、ますます強まりつつあるように思えます。時代の流れにそくしていうならば、研究者、専門家である私たち著者は、被告人席、よりはっきりいえば、嫌われる側に身を置いているわけです。

でも、自分の立場に固執すること、相手を敵とみなし、相手の主張を否定しつづけることを「議論」とよぶとすれば、それは「思考停止」とどこが違うのでしょうか。もし思考が停止すれば、私たちは、社会の問題を語り合うこと自体に嫌気がさし、話し合いの輪に加わる意志さえをも失ってしまうのではないでしょうか。日本社会を生きる人たちが、自分たち、そして子どもたちの生きる社会に対して、「なぜ?」「どうして?」と問いかける気持ちを失ってしまえば、よりよい未来などやってこないのではないでしょうか。

同じような問題は、この本を執筆した私たち四人が専門とする「社会科学」のなかでも起きています。社会科学とは、社会のなかの人間の行動を研究対象とする学問のカテゴリーです。ですが、学問の「タコツボ化」はいよいよ深刻になりつつあります。同じ社会をみているはずなのに、経済学、財政学、政治学、法学、歴史学……それぞれの専門性、個別性がとても高くなり、研究者どうしでさえ、お互いを理解しあえない時代になりはじめているのです。

回 大人のための「教科書」

私たち四人は、こんな知的状況に後押しされるように、この本を執筆しました。反知性主義のご時世だからこそ、あえて大人のための「教科書」を書く、上から目線の「先生」になろうと決めました。日本社会の将来を語り合うための共通の理解、土台のようなものを誰かが提案しなければ、いつまで経っても、実のある議論は始まらない、そう本気で考えたからです。

この本では、日本の社会を形づくっている、誰もが使う一二の「キーワード」を取りあげ、それぞれの意味を根底から吟味しなおしています。思想的な立場にとらわれず、この魅力的な日本社会、それ自体に関心をもってもらえるよう、日本社会の「いま」と「これから」を見通すための材料、共通の知的プラットフォームを提供しようと、私たちが積みあげてきた「知性」をすべてのみなさんにひらこうと考えました。思い切っていえば、経済、政治、社会をめぐるさまざまな出来事を、できるだけわかりやすい言葉で、できるだけ多様な視点で説き明かし、最後に未来への一つの方向性を示したい、そんな想いを込めて、この『大人のための社会科』を書きあげたのでした。

反知性主義が叫ばれる時代にあって、あえて「上から目線」で教科書を書くという「ささやかな抵抗」ではありますが、いくら研究を仕事としていても、この社会のさまざまな出来事が、なぜ、どのように起きているのかを一つの理論で説明しつくすことなど、私たちにだってできやしません。でも、四人で議論を重ねるうちに、「なぜ、この出来事を、みんなはこんなふうに理解するのだろう」「なぜ、この問題で人々は対立するのだろう」「希望を語るためには何が必要なのだろう」、そんな問いへの答えが少しずつみえてくるようになりました。

私たちは、学びの喜びが、対話のなかにあることを知りました。専門や立場を超えて学ぶ気持ちを失わなければ、誰もがすぐに生徒に戻れる、いま、私たちはそう感じています。この感覚をぜひみなさんと共有したいと思っています。

回 本書の構成

この本は全体で四つの部、一二の章でできています。簡単にそれぞれの部の内容を説明しておきましょう。

第Ⅰ部では、ＧＤＰ、勤労、時代という経済に関連するキーワードに光を当てています。私たちは誰もが経済成長を願います。ですが、日本の経済は行き詰まり、多くの人たちが将来不安におびえながら、日々の暮らしを送っています。私たちがＧＤＰという指標をこれほど大切にする背後には、近世から続く、勤労という日本人の価値観があります。この価値観を基盤としながら作られてきた日本の社会システムは、いま、まさに歴史の転換点に立たされつつあります。

重要なのは、ここです。いまを歴史の転換点と感じること、この事実自体が、歴史の流れのなかにどのように時代区分の線を入れ、どのような基準で社会を切り取るのかをあらためて問いなおさなければいけない時代に私たちがいることを示しているのです。第Ⅰ部では、GDPという指標のもつ意味をあらためて考えなおし、さらに、戦後日本の財政の歴史や時代区分のあり方から「日本社会のいま」を照らし返していきます。

第Ⅱ部で取りあげるのは、多数決、運動、私という政治をめぐるキーワードです。人間がただ集まるだけではなく、さまざまな価値観が共有されてはじめて、いわば〈私たち〉という意識が共有されてはじめて、社会は成立します。ですが、いまの日本では、多数決に支えられた民主主義が機能不全におちいり、その根本にあるはずの〈私たち〉という視点が弱まり、政治への参加も敬遠されつつあります。

本来であれば、そうだからこそ、何らかの利害や意見をもつ人々による社会運動の必要性が高まってよいはずです。ですが、その運動が成立するための条件について、これまでほとんど語られてきませんでした。それだけではありません。〈私たち〉を取り戻すためには、〈私〉が何を意味しているのかをもう一度考えなおす必要もありそうです。第Ⅱ部ではみなさんにそんな大きな問いを投げかけます。

第Ⅲ部では、公正、信頼、ニーズという社会的なキーワードを手がかりに、日本社会に〈私たち〉を取り戻すための条件について考えます。人々が他者に共感するためには、いくつかの条件がありそうです。たとえば、公正さの欠けた社会が、他者への不信や疑心暗鬼を生み出すことは想像に難くないでしょう。また、他者を信頼できない社会では〈私たち〉という感覚を分かち合うことも難しいでしょう。あるいは、それ以前に、いまの日本社会では他者を信頼することができているのかという問題もありそうです。

〈私たち〉の前提にあるのは、公正さや信頼という「心の内側」の問題だけではありません。歴史的にみると、人間と人間が協力し、助け合ってきた背景には、人々がいのちや暮らしのニーズを満たすために、お互いが助け合わなければならないという「利害関係」もありました。〈私たち〉を取り戻すために、信頼や公正さを確保しつつ、ニーズをどのように満たしていくべきなのか。第Ⅲ部ではこの問題を考えます。

最後の第Ⅳ部では、歴史認識、公、希望という未来を読みとくためのキーワードを用意しました。過去に起きた出来事を記録しなければ、重要な情報が失われ、歴史の認識をめぐって、人間と人間の対立、分断は深まる一方でしょう。人々の基本的な歴史認識を支える記録の大切さ、地道なようですが、そのための努力なくして、未来を前向きに語り合うことはできません。

また、時代の転換点では、必ず「公《おおやけ》」の領域が再編されます。この公の再編がいまの日本でも進みつつありますが、社会の基本的な仕組みが大きく揺らぐときには、個人の内面と社会も新しいつながりを模索しはじめることでしょう。いまの日本社会で起こりはじめている変化の胎動に耳を澄まし、その胎動がいったい何を意味しているのかを読みとき、未来を希望とともに展望する——そのために社会科学にできることを具体的な事例と理論の双方から考えます。

私たち著者は、みなさんと私たちの対話を通じて、すでにある問題がこれまでとは違った風景のなかに居場所をみつけていくことを願っています。そして、そこから生まれる新たな疑問、新たな批判が、好き嫌いには収まらない、新しい価値観を生み、より多様で、活発な議論へとつながっていくことを願っています。さあ、私たちが作っているこの社会をほどき、結びなおすための、知的な対話を始めましょう！

第Ⅰ部　歴史のなかの「いま」

豊かさの指標のように語られがちな**GDP**ですが、それがどういう意味をもつのかは判然とせず、GDPとして数値化できないような重要な事象も多く存在します（第1章）。一方、戦後日本社会では**勤労**が規範化され、数値化される指標の増大が重視されてきました（第2章）。第3章**時代**では歴史学で繰り返し論じられてきた時代区分問題に光を当てながら、こうした近代日本のありようを問い返していきます。

第1章

GDP——「社会のよさ」とは何だろうか

回 経済成長とは何のことか

「成長」という言葉には上に伸びゆく前向きなイメージが備わっています。子どもや学生、あるいは大人にとっても成長というのは好ましいことであって、通常そこに否定的なニュアンスが込められることはない。

では「経済成長」ならどうでしょう。この語の肯定にはいくらか留保を付けたい人もいるのではないでしょうか。つまり経済成長だけを考えてはならないのであって、人間らしい暮らしが送れること、幸福だと感じられること、心が豊かであることこそが大切なのであると。そしてまた経済が成長したからといって、困窮している人が救済されるとは限らないのだと。

しかし、そうした留保や懸念に付きまとわれているからこそ、「経済成長が大切だ」と語られるときには、容易に反論しがたいものがあります。そう語られるときには、すでに「そのうえで経済成長が大切なのだ」との意味が織り込まれているからです。あり体にいってしまえば、それは「カネがなければ結局はどうしようもない」ということになるでしょう。たしかに困窮者の救済にだってカネがかかることは否定しがたい。

実際問題として、経済の状態は、人々の日々の暮らし向きや、未来への希望のもち方に大きく影響します。たとえば日本の自殺者数は一九九七年には二万四三九一人でしたが、企業の倒産による負債総額が戦後最悪を記録した翌九八年には、その数は三万二八六三人に跳ね上がりました。経済の状態はよいほうが好ましく、それゆえ経済成長は望ましいように思われます。

しかし、そもそも経済が成長するとは、いったいどういうことなのでしょうか。人の身長が伸びるというのなら話は簡単です。足の底から頭のてっぺんまでの距離が伸びたということで、これはとてもわかりやすい。同じように、体重が増えるのや、銀行預金残高が増えるのや、書籍の発行部数が上がるというのも、やはりわかりやすい。

ところが経済とはそもそも何なのか、その成長を測るものさしは何なのか、こうなると話は厄介です。では巷間《こうかん》に経済成長とよばれているものは、いったい何なのでしょう。

結論からいうと、経済成長とよばれているのは、ほとんどの場合GDPの増加のことです。GDPとは国内総生産(Gross Domestic Product)の英語の頭文字。これは大まかにいうと、日本国内の生産活動で生み出された付加価値の総額のことです。

付加価値の考え方とは次のようなものです。いま一つの国に、自動車の完成品メーカーA社と、自動車の部品メーカーB社だけがあるとします。A社の売上は一〇〇億円ですが、B社から部品を買うのに二〇億円かかります。このときA社が生み出す付加価値は、差額の八〇億円。B社の売上は二〇億円ですが、この会社は部品の原材料をすべて海外から輸入して五億円払っているとすると、B社が生み出す付加価値は、差額の一五億円。

この国のGDPは、八〇億円プラス一五億円の、計九五億円になります。

実際にはこれほど単純ではありませんが、付加価値の考え方とはおよそこのようなものです。なおA社とB社の従業員の給料は、付加価値のなかから支払われます。これはGD

Pを「豊かさの指標」のように捉えたくなるポイントです。

このように計算されたＧＤＰの増加の割合、つまりＧＤＰ成長率のことが、経済成長率とよばれています。統計データからＧＤＰを計算するのは内閣府の経済社会総合研究所で、これは四半期ごとに発表され、新聞やテレビでも大々的に報道されます。

ただし内閣府が公表する資料の多くでは、ＧＤＰ成長率は、経済成長率ではなく、そのままＧＤＰ成長率とよばれています。ＧＤＰ成長率は、それ自体はただの数値にすぎません。この数値は、政府やメディアを通じて経済成長率という意味が与えられ、そのようなものとして世間で扱われます。漢字はそれぞれの文字が意味をもつ表意文字なので、「経済成長」とみると、いかにも経済が成長していそうな気がしますが、それはあくまで語感が伝わっているだけであって、内容がわかったわけではありません。

回 すべての付加価値は好ましいか

ＧＤＰが増加することは、はたして好ましいことなのでしょうか。

誤解しないでほしいのですが、こう問いかけることは、経済の成長が不要だとか、お金が大事でないとか主張しているわけではありません。ＧＤＰの増加が意味することを捉え、それを通じて「社会のよさ」を考える糸口をつかむことが、この問いのねらいです。

ＧＤＰの最大の特徴の一つは、あらゆるサービスの付加価値を、中立的に足し合わせることです。どのようなサービスも差別しないので、そのなかにはもちろん医薬も含まれます。だから花粉がよく飛散する年に、誰かが花粉症を発症して抗アレルギー薬を消費するようになったら、それはＧＤＰを上げる効果をもちます。

こうした「ネガティブな消費」にかんする付加価値をもＧＤＰは含んでいます。係争が起きたときの訴訟費用、ボールが窓ガラスに当たり割れたときの修復費用、あるいは成績不良で留年したとき余分にかかる学費。いずれもネガティブな消費といってよいでしょう。このようにマイナスをゼロにするのも、あるいはゼロをプラスにするのも、「変化分」が等しければ、付加価値としては等しくなります。

花粉症を発症した人が薬を飲むことで発症以前と同じ生活ができるようになるのは、付加価値の発生であり、ＧＤＰの向上につながります。しかし患者にとってはそんな付加価値など要しない発症以前の状態のほうが、好ましかったはずです。

また、一台の車を複数の家庭で共同利用するようなシェアリングが広まれば、人々の生活水準は上がりますが、ＧＤＰは上がりません。物を長く大切に使うことや、再利用に努めることも、やはりＧＤＰを上げません。エコロジカルな暮らしかたはＧＤＰの上昇には結びつきにくい傾向があります。

回 ＧＤＰに代わるもの

ＧＤＰではなく、社会の豊かさを表す指標を作ろうという動きは、近年、世界中で盛んになってきています。たとえば国連機関の一つである国連開発計画（ＵＮＤＰ）では、一九九〇年から、寿命、教育、所得を総合的に評価する指標であるＨＤＩ（Human Development Index）というものを作成しています。ＨＤＩは寿命、教育、所得にかんする項目を組み合わせて総合的に評価したものです。

ただしＨＤＩとＧＤＰの相関は高く、全体的にみると、ＨＤＩが高い国は、ＧＤＰも高い傾向にあります。これにはおもに二つ理由があります。まずＨＤＩの算定に使う所得の項目は、ＧＤＰや、それに近い指標で測るからです。そして教育水準が高まると所得は上がり、また所得が上がると寿命は延びるという、大まかな連鎖関係が三項目にはあるからです。

ただし、この関係はつねに成り立つわけではありません。たとえば二〇〇〇年のインドと南アフリカでの一人当たり所得は、インド人は南アフリカ人のわずか三割にも満たないものでしたが、インド人の出生時平均余命は南アフリカ人のそれより一四年も長いのでした（Case and Deaton 2005）。また、サウジアラビアやクウェートなど中東の産油国は、石油王がGDPを押し上げるものの、国民全体の教育水準が低く、総合的にはHDIが低くなる傾向があります（UNDP 2015）。

HDIとGDPが共通するのは、外部から観察可能なデータに基づくことです。寿命の長さ、教育の度合い、所得の額などは、国内の調査制度が確立していればわかることです。極端な話、一人ひとりの国民に、個別の調査官をストーカーのように付け

図　HDIと1人当たりGDPの相関（2014年）

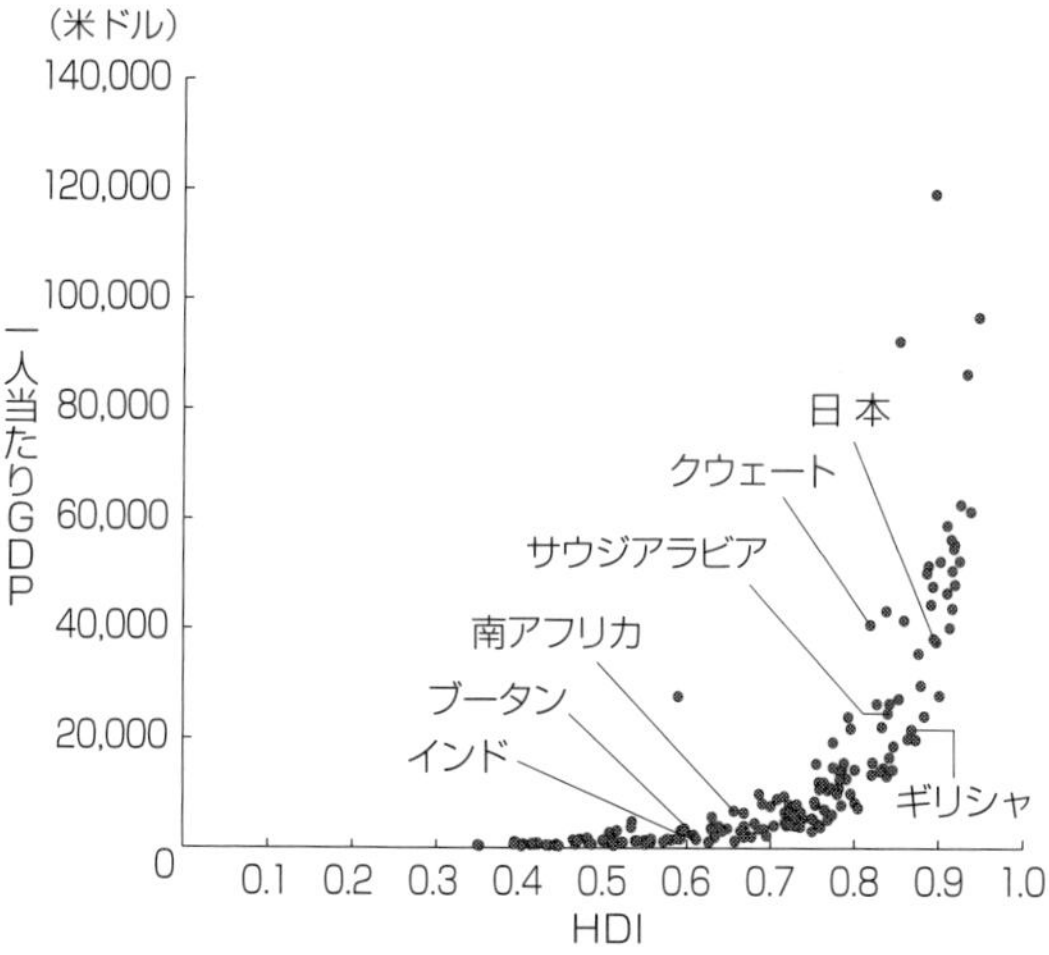

（出所）UNDP『人間開発白書 2015』（HDI，対象 188 カ国・地域），IMF, World Economic Outlook Database, April 2017（Date: April 12, 2017，1 人当たり GDP，対象 192 カ国・地域）より作成（182 カ国・地域）。

れば、その人の寿命、教育の度合い、所得の額はわかります。これが外部から観察可能ということです。

しかしそのようにストーキングをしても、その人が何を考えているのか、ある状態をどの程度幸福と感じているのか、内心まではわかりません。調査官がストーキングしながら「いまこの人の幸福の度合いはこの程度かな」と勝手に推測することはできますが、その推測が正しいかどうかはわかりません。

回 ブータンの国民総幸福量

そこでいっそ各人に内心をアンケートで尋ね、国内の幸福の量を測ろうというアプローチもあります。南アジアの国ブータンは、一九七〇年代に第四代国王のジグミ・シンゲ・ワンチュクが「国民総幸福量」(Gross National Happiness: GNH)を提唱しましたが、これはＧＤＰへの対抗意識を含むものです。ブータンはＧＤＰで測れば最貧国の一つです。しかしブータンにはＧＤＰにはカウントされない自給自足的な農家が多いし、またＧＤＰでは汲み取れないさまざまなよさがあるので、ＧＤＰで他国と比較されるのは不適当だ、という意識がそこにはあります。

二〇一五年のGNH調査では、六つの調査チームがブータンの各地を訪れ、計七一五三人の国民に、それぞれ一時間半程度の聞き取り調査を行いました。聞き取り項目は、生活の充実度、政治への満足度、コミュニティとの関係など、多岐にわたります。そうして得た調査結果を集計して、ブータン政府はGNHを算定します（ブータン政府ウェブサイト）。

二〇一五年のブータン全体でのGNHは〇・七五六でした。ブータンとまったく同じ調査をしている国はほかにありません。ですから一五年のブータンのGNH〇・七五六が国際的にみて高いのか低いのか、比較はできません。しかし前回の一〇年での調査では、GNHは〇・七四三だったので、時系列でみると改善しているとはいえます。

またブータン国内での、属性によるGNH比較もできます。たとえばGNHは男性のほうが女性より高く、都市部のほうが地方より高く、失業者のほうが農民より高いことがわかっています。

時系列と属性での比較を組み合わせると、次のようなこともいえます。二〇一五年でも一〇年でも男性のほうが女性よりGNHは高かったのですが、その差は縮まっていました。これは社会の男女平等化が進展したためと考えられます。また、これはその間の男女平等化の政策が一定の成果をあげたという政策評価にもつながります。

さてブータンの医療は無料ですが、その水準は高くなく、乳幼児死亡率は二・八%、平均寿命は六八歳ほどです。なお日本はそれぞれ〇・一%、八三歳ほどです。その一方、世界保健機構（WHO）の統計によると、二〇一二年での一〇万人当たりの自殺者は、ブータンは一六人、日本は二三人でした（WHO 2016）。こうなると日本とブータンではどちらがより幸福な国なのか、一概にはいえません。

GNHとは異なるものですが、日本でも幸福にかんする主観的調査は行われています。GDPを算定している内閣府経済社会総合研究所は、「生活の質に関する調査」というものも行っており、そこでは生活満足度を〇点（全く満足していない）から一〇点（非常に満足している）までの評価を尋ねています。二〇一三年の調査では、全体の平均は六・一八点ですが、どの年代でも女性のほうが男性より高い数値が出ています（渡部・河野 二〇一四）。

生活満足度を点数で聞く、というのはこうした調査の難しいところです。点数への解釈は人により異なるからです。たとえば「何とか耐えられる生活だから、六〇点でギリギリ合格の六」とした人と、「まあまあの生活だから、真ん中より上の値で六」とした人では、同じ「六」でも意味するところは違うでしょう。まあまあの生活だからと六を付けた人は、生活が何とか耐えられる水準に下がったときには、四あたりの数字を付けることでしょう。

しかし調査票に残る二人の「六」は同じ満足度として扱われます。

それぞれの選択肢（この場合は〇から一〇までの点数）への各自の解釈が異なる、というのは主観的調査に基づく指標に付きものの問題です。ＧＤＰのように観察可能なデータから作成する指標にはこの問題が生じません。

回 よさを測る

そこでいま仮に、あらゆる人の幸福の度合いを測れる共通の尺度――「効用」とよびましょう――があって、しかもそれは外部から観察可能だとしましょう。さらには、漫画『ドラゴンボール』に出てくる敵の戦闘力を計測する機器「スカウター」のように、あらゆる人の効用が数値で観察できる「効用スカウター」まで存在するとしましょう。もはや観察者は主観的調査などする必要はなく、効用スカウターを眼鏡のように装着して人を見ると、その人の効用値がわかります。

それでもなお、これで「社会のよさ」がわかるわけではありません。すべての人の効用値がわかっても、それをどう集約するかで「社会のよさ」は変わるからです。

たとえば国内すべての人々の効用を足し合わせるのは、ひとつのやり方です。これは

「最大多数の最大幸福」で知られる一九世紀イギリスの哲学者ジェレミー・ベンサムを端緒とする、功利主義のやり方です。

しかし、なぜ足し算でなければならないのでしょうか。たとえば三人の効用が(7，1，1)と分布しているときと、(3，3，3)と分布しているときを比べると、総和はともに9ですが、後者のほうが平等に分布しています。この平等性をよきものと考え、そのよさを社会指標に反映させたいならば、足し算ではなく、掛け算をするナッシュ基準というものがあります。ナッシュ基準によると、(7，1，1)のよさは7×1×1＝7ですが、(3，3，3)のよさは3×3×3＝27です。

より平等性を志向するならば、足し算でも掛け算でもなく、最小値に注目するマクシミン基準というものもあります。これは最も不幸な人こそが、その社会の状態を代表するのだという考えに基づきます。

そして功利主義基準、ナッシュ基準、マクシミン基準のどれを使うかで、どの状態がベストかは変わります。たとえばA＝(10，3，2)、B＝(6，4，3)、C＝(4，4，4)という異なる三つの効用分布を比較してみましょう。

功利主義基準によると、ベストな状態はAです。これは効用を足し算すると、Aは15、

Bは13、Cは12なので、Aがこの基準ではトップになるからです。ナッシュ基準によると、ベストな状態はBです。これは効用を掛け算すると、Aは60、Bは72、Cは64なので、Bがこの基準ではトップになるからです。マクシミン基準によると、ベストな状態はCです。これは効用の最小値が、Aは2、Bは3、Cは4だからです。

そして現実には、効用スカウターで測る数値ほどに客観性があり、人々のあいだで合意可能な「幸福のモノサシ」は存在しません。

では、一定の客観性と合意しやすさを備えたモノサシは、何かあるでしょうか。水や食料、住居や医療など、人間の誰もが必要であろうものについては、人々のあいだで相当の合意が可能ではないでしょうか。また、それらの欠如は、欠如のありさまそれ自体が証拠として、客観的に把握しやすいものです。「あるべきもの」の欠如が減ることを、社会がよくなると捉えていくわけです。第9章で詳しく述べますが、社会の目的はすべての人々のよき生存の基盤を与えることだという必要原理の考え方からは、そのために「あるべきもの」をあまねく保障していくことが、社会のよさを高めることになります。

ただし「あるべきもの」の水準をどこに置くかはつねに論争となる点です。たとえば日本国憲法の第二五条一項には「すべて国民は、健康で文化的な最低限度の生活を営む権利を有する」と書かれていますが、その最低限度の水準がどれほどかまでは記されていません。とはいえこのように条文が書かれているから、その水準のあり方を問いかけ、憲法を掲げて政府に問い直させる営みが成立します。政府や世論に訴えかける社会運動は、ほとんどその定義上、政府や世論の支持を最初から得ていることはありません。しかしそこに憲法の根拠があると、その運動は正統なものと映りやすくなります。

回 数値の目的化

GDPに話を戻しましょう。そもそもGDPをはじめとする国民経済計算の算定は、決して単純なものではありません。何を付加価値として計上するかは、定義によるところが少なくないからです。そのための国際基準は、国連統計部が定めていますが、二〇〇八年には、一九九三年以来の改訂がなされました（二〇〇九年に国連で採択）。日本のGDP算定でも、二〇一六年からその新基準に対応することになっています。

すでに新基準への対応を済ませた諸外国の様子をみてみると、定義の変更により、GDPは一～三％ほど増加するようです。たとえばこれまで付加価値としては計上してこなかった研究・開発への投資が、ＧＤＰに計上されるようになりました。また、戦艦や戦闘機といった防衛装備品も「抑止力」という付加価値として、ＧＤＰに計上されることになりました。日本では防衛装備品の計上により、ＧＤＰが〇・一％ほど上昇する見込みです（内閣府資料 二〇一四）。

防衛装備品はそもそもなくてすむ状況であることが望ましい「ネガティブな消費」の典型例でしょうから、ますますＧＤＰを「社会のよさ」にかんする指標とは捉えがたくなります。そもそもＧＤＰを社会のよさと絡めるべきではない、それはひとえに経済活動の規模にかんするものだというとしても、経済活動の規模を知るのが大事なのだとしたら、それが社会のよさにかかわるはずだからでしょう。ＧＤＰから「ネガティブな消費」を取り除き算定する指標もあるのですが、広まる兆しはありません。

現実的にＧＤＰは、経済活動の観点からみた「社会のよさ」の指標として扱われています。まるで小学生の成績表のように、ＧＤＰが下がると経済政策の失敗として政権は非難されますし、また「ＧＤＰ六〇〇兆円」が政策目標として掲げられもします。またＥＵ加盟国は、各年度の財政赤字をＧＤＰの三％以下にする義務が課せられています。財政破綻したギリシャは、ＧＤＰを捏造していた疑いが強くもたれています（コイル 二〇一五）。

ＥＵ離脱を決めたイギリスでは、麻薬や売春など違法な経済活動をもＧＤＰ統計に含めていました。イタリアでは酒や煙草の密輸額を推計してＧＤＰに計上しています。もちろんこれらの計上は、すべてＧＤＰを上昇させます。

支持率を気にする政権にとっても、株価を気にする経済界にとっても、ＧＤＰの数値が上がることは好ましいので、「いまのＧＤＰは経済の実態を過小評価している」といった非難がなされもします。しかし算定の仕方を変えて数値が上がったところで、それは人々の暮らし向きが上がったわけではありません。たんに経済活動の諸要素が数値の上昇に動員されただけです。

ＧＤＰが高い国は、夜間の照明が質量ともに増し、ライトアップが強くなる傾向があります。だから人工衛星から地球を観察し、夜間の明るさを計測して、適切な統計処理を施すと、それなりの精確性でＧＤＰを推計できます（Henderson, Storeygard and Weil 2012）。これは統計の制度が整備されていない国のＧＤＰを推計する一つの手法として確立しています。しかし、もしこの手法が完璧に確立して、そうやってＧＤＰを計測することにしたら、どんなことが起こるでしょう。少なからぬ国々が夜間のライトアップに力を入れはじめるのは想像に難くありません。もちろんこのとき人工衛星は光量の高まりを観測するわけですが、そこには夜間の明るさが上がった以上の意味はありません。

〈参考文献〉

ダイアン・コイル（高橋璃子訳）［二〇一五］『ＧＤＰ――〈小さくて大きな数字〉の歴史』みすず書房

内閣府資料［二〇一四］内閣府経済社会総合研究所国民経済計算部「国民経済計算次回基準改定に向けた対応について②」（平成二六年一〇月一七日　資料１）

渡部良一・河野志穂［二〇一四］「25年度『生活の質に関する調査（世帯調査：訪問留置法）』の結果について」ESRI Research Note No.24, 内閣府経済社会総合研究所

A. Case and A. Deaton [2005] "Health and Wealth among the Poor: India and South Africa Compared," *American Economic Review*, Vol. 95, No. 2, pp. 229–233.

J. V. Henderson, A. Storeygard and D. N. Weil [2012] "Measuring Economic Growth from Outer Space," *American Economic Review*, Vol. 102, No. 2, pp. 994–1028.

UNDP [2015] *Human Development Report 2015*.

WHO [2016] "World Health Statistics 2016: Monitoring health for the SDGs," Annex B: Tables of health statistics by country, WHO region and globally. http://www.who.int/gho/publications/world_health_statistics/2016/Annex_B/

ブータン政府ウェブサイト　http://www.grossnationalhappiness.com/

第2章

勤労――生きづらさを加速させる自己責任の社会

回 生きのこった「勤労」の概念

みなさんも「勤労」という言葉を聞いたことがあると思います。辞書を調べますと、「賃金をもらって一定の仕事に従事すること」という説明と同時に、「心身を労して仕事に励むこと」という説明がされています。何気ない言葉ですが、「心身を労して」まで働くということの考え方は、日本社会の性格を考えるうえで、とても重要な意味をもっています。

倹約しながらまじめに働き、仕事に励むという考えは、石田梅岩《ばいがん》や二宮尊徳が活躍した江戸時代から存在してきましたし、近世のヨーロッパにもこれに似た考え方はありました。しかし、いまの日本社会を考えるとき、この言葉のもつ意味はかつてとも、またほかの国とも、大きく異なっていることに気づかされます。

大正期に起きた思想弾圧に森戸《もりと》事件があります。そこで検挙された経済学者の森戸辰男《たつお》がのちに指摘したように、勤労という言葉が広く日本社会で使われるようになったのは、アジア・太平洋戦争期のことです。陸軍将校によるクーデターである二・二六事件が起き、戦争へと足を踏み入れる時代、それは、政党政治が役割を終え、自由な経済活動が否定された時代でした。自分の利益を最大にしようとする利己主義が批判され、戦争をやりとげるという国家目的にふさわしい、新しい経済の倫理が求められたのでした。

この時代に広がったのが「皇国勤労観」です。一九四〇年一一月に閣議で決定された「勤労新体制確立要綱」では、勤労を、「皇国民」の責任、栄誉と定め、能率を最高度に発揮し、服従を重んじ、共同して産業の効率性を高めるべきことを国民に求めました。勤勉、倹約、自己規律といった、江戸時代以来の道徳観が、総動員体制のもとで、新たな国民的な価値として作りなおされたのでした。

厚生労働省が作っている統計に『毎月勤労統計調査』というものがあります。この統計には古い歴史があって、一九二三年七月に開始された『職工賃銀毎月調査』と『鉱夫賃銀毎月調査』がその始まりです。その後、四四年七月に「勤労統計調査令」に基づいて、『毎月勤労統計調査』が内閣統計局によって始められ、これがいまの厚生労働省にあたる労働省に移されて、現在に至っています。

こうして、戦争の始まりとともに、政府は軍事生産に人々を組み込んでいきました。その過程では、「勤労奉仕」や「勤労動員」の言葉が生み出され、勤労という考え方は、人々の生活空間のなかに深く入り込んでいきました。勤労奉仕や勤労動員が行われたことで、多くの人々が労働を強いられ、学生も勉強をあきらめなければなりませんでした。ですから、普通に考えれば、戦争の終わりとともにこの言葉への反発が生まれてもよさそうなものです。

ですが、戦争が終わってもなお、この考え方は生き残りました。日本社会党（現在の社会民主党）は、一九四五年にまとめた党の方針の冒頭で、「わが党は勤労階層の結合体として国民の政治的自由を確保しもって民主主義体制の確立を期す」と高らかにうたいあげました。同じ年、日本共産党も行動綱領のなかで、「労働者、農民その他いっさいの勤労大衆を自由の新野に解放する」ことをめざし、勤労という言葉を八度も繰り返し使いました。

日本国憲法をめぐる議論にも勤労の思想は登場します。国民が国家のために働くという「あるべき日本人の姿」を示したいと考えた保守派の人たちは、勤労の言葉をそれまでと同様に大事にしました。左派・革新派は、戦前の明治憲法に使われていた「臣民」という言葉を、まじめに働き、労働の義務を果たす、「勤労者」に変えたいと考えました。保守派だけではなく、勤労の思想は、左派・革新派にとっても価値のある概念として受けとめられていたわけです。まじめに労働にいそしむことを大切にする考え方は、日本人の伝統的な道徳観や倫理観とかかわっていたのです。

こうしてできあがった日本国憲法では、その第二七条一項に、「すべて国民は、勤労の権利を有し、義務を負う」ことが盛り込まれました。ちなみに、いま現在、主要先進国のなかで、「労働の義務」ではなく「勤労の義務」を定めた憲法をもつ国はありません。それだけ日本人にとって勤労とは独特の価値をもつものだったのです。

回「勤労国家」の誕生

「勤労の義務」とは、まじめに労働にいそしむという「あるべき日本人の姿」を示しています。問題は、この考え方が、日本国憲法の第二五条一項と結びついていた点です。

第二五条一項には、「すべて国民は、健康で文化的な最低限度の生活を営む権利を有する」とあります。人間のいのちが保障され、人々が人間らしく生きていくための権利を「生存権」といいますが、憲法を制定するときの議論のなかでは、「勤労の義務を果たさない者」には「国は生存権を保障する責任はない」という主張が公然と行われていました。「あるべき日本人の姿」になろうとしない人たちには、「生存権を保障する責任はない」というこの考え方は、日本人に広く行きわたった考え方だったようです。

たとえば一九五七年に、当時の生活保護の水準が低く、これが第二五条一項に違反することを問題として起こされた「朝日訴訟」をみてください。原告が死亡したこともあって、最高裁判所は、本人の死亡により訴訟は終了したという判断を下しました。しかし、「なお、念のため」として、裁判長は、「憲法二五条一項はすべての国民が健康で文化的な最低限度の生活を営み得るように国政を運営すべきことを国の責務として宣言したにとどまり、直接個々の国民に具体的権利を賦与したものではない」と意見を述べています。

政府が日本人の生存を「どこまで保障するか」は憲法に定められたものではなく、政治の判断だ、という結論は、「勤労の義務を果たさない者には生存権を保障する責任はない」という見方と表裏一体です。そして、この考え方は、人々の生存や暮らしを保障する「福祉国家」の日本的なあり方に決定的な影響を与えていきます。

自由民主党は、一九五五年の結党時の目標の一つとして、「福祉国家の完成」をあげました。そして、岸信介政権のもとで、社会保険料を払えば、誰もが医療や年金を受けることのできる仕組み、「国民皆保険」「国民皆年金」が整えられました。

これは、先進国のなかでも、比較的早い決定でした。しかし、社会保障制度が整えられた背景には、日米安全保障条約をめぐる国内の混乱がありました。当時、日米安保をめぐって岸政権は強い国民の批判にさらされていましたから、いわば、「アメとムチ」の「アメ」の一部として社会保障が整えられたわけです。そして、社会保障の運用は、一九六一年に誕生した池田勇人《はやと》政権に委ねられることとなりますが、池田首相はヨーロッパの福祉国家とは明らかに違う方向へと財政を導いていきました。

池田首相は『均衡財政』（一九五二年）という本のなかで次のように述べています。「救済資金をだして貧乏人を救うんだという考え方」よりも、「立ち上がらせてやるという考え方」が大事だ、と。池田首相は、日本の社会保障をぜいたくだと考えていました。そして、「人間の勤労の能率をよくし、生産性を高める」公共投資と、「勤労者に対する」所得税の減税、つまり、勤労する人たちのための政策を財政の中心に据えることとしました。

多くの日本人にとって、貧しいからといって政府や社会に助けを求めることは、不道徳なことだと考えられました。「働かざる者食うべからず」といいますね。みなさんにとって、「働かざる者」とは誰をさしますか。もともと、この「働かざる者」とは、貴族などの特権階級をさしていました。ですが、みなさんにとっては、勤労しない貧しい人たちではありませんか。このような日本人の価値観が根底にあるからこそ、生活保護や貧困対策を後回しにし、公共投資によって勤労のチャンスを与え、勤労によって払われた税金を勤労者に返すことが望ましいと考えられたのです。

回 経済成長と自己責任の社会

高齢者に限定していえば、医療と年金がいち早く整備されました。のちの田中角栄政権では老人医療と年金の思い切った充実策がとられました。いわゆる福祉元年です。このように、勤労を終えた高齢者に対しては、それなりの生活保障が行われました。

一方、現役世代に対しては、どうだったのでしょう。高度経済成長期（一九五五～七三年）の日本は、毎年のように所得税を減税し、勤労者にお金を返していきました。また、財政法が作られた一九四七年以降、国の一般会計では国債を発行せずに財政を運営してきました。経済成長によって自然に増える税収を教育や社会保障に使ってきたヨーロッパ諸国と比べ、日本は明らかに「小さな政府」になっていきました。

この小さな政府のなかで、公共投資と年金、医療への支出が大きな割合を占めました。当然のことながら、政府は、子育てのための支援、障がい者へのサービス、そして貧しい人たちへの給付を抑えるしかありませんでした。

社会保障だけではありません。幼稚園や保育所、高校や大学も有料とされ、家も自分たち自身で手に入れなければなりませんでした。「倹約は美徳」とのかけ声のもと、現役世代の人たちは、勤労の象徴ともいうべき貯蓄に励んでいきました。子どもを学校に行かせ、マイホームを建て、将来の老後に備え、急な病気になってもいいように、いわば人間らしく生きていくために必要なお金を自助努力で貯めていったのです。

高度経済成長期を経て、家計貯蓄率は二倍近くにはねあがりました。そして、この貯蓄は、日本の経済成長の源泉となっていきました。

まず、高度経済成長期には、企業は、建物や機械、設備への投資、つまり設備投資を活発に行っていました。銀行のお金は家計からの預金を中心にしていますが、企業は投資にかかるお金を銀行から借り入れ、これが経済成長の原動力となっていきました。

次に、郵便貯金による政府の財政投融資も活用されました。財政投融資とは、当時、政府によって経営されていた郵便局への貯金を使って行われた投資、融資のことです。

道路や鉄道、橋をつくるときの貸し付けや、中小企業や農家への貸し付けは、もうけが少なかったり、倒産のリスクが大きかったりします。ですから、銀行はお金を貸すことを嫌がりましたが、これらは社会にとってなくてはならない事業でした。そこで、政府は、そのような事業に対して、低い金利でお金を貸し付けたのです。これもまた、経済成長を後押しすることとなりました。

経済が成長すれば、人々の所得が増え、さらに減税を行ったのでお金も返ってきます。みな将来に備えて貯蓄をしますが、そのお金が企業の設備投資や、財政投融資による公共投資に向かいました。その結果、さらなる経済成長が生まれ、所得はいっそう増え、減税の財源も作られるわけです。みごとな経済の循環が生み出されました。

お金だけではありません。公共投資は地域に雇用を生み、そのことが農家の兼業先を作り出しました。国際的にみて非常に多数の農家が残りましたが、彼らが都市部に移動せず、地域にとどまったことで、コミュニティが維持されました。また、男性がお金を稼ぐ機会を与えられたことで、低所得層におちいる人の数が抑えられ、かつ女性が専業主婦となることで、家事、子育て、親の介護などが家庭内で提供されました。企業もまた、医療や社宅を提供し、働く人たちの生活を支えました。「自助」に加えて「共助」が強かったからこそ、小さな政府のもとでの安定した暮らしが可能になったのです。

まさに「勤労国家」です。問題はこの国家モデルが経済成長を前提としていたことです。勤労国家とは、働き、所得を得て、自ら貯蓄をする、このことで将来不安をなくす仕組みでした。勤労国家は自己責任によって支えられ、これを家族や地域の助け合いが補完していたのです。しかし、経済成長が停滞し、この自己責任を果たせなくなったとき、勤労国家はその土台から揺らいでいくこととなります。

回 歴史的な賃金の下落圧力

この心配が現実になるのが、バブル経済が崩壊した後の一九九〇年代以降のことです。九〇年代には、歴史上、他に例をみない規模での所得税の大減税と公共投資が実施されました。まさに勤労国家が全面化した形でしたが、政府の努力もむなしく、経済は長い停滞局面におちいることとなりました。

日本経済が長期停滞した原因、それは、内外の構造変化によって、財政出動だけでは対応できないような賃金の下落圧力が生まれ、経済がデフレ化していったからでした。

バブル崩壊後の特徴の一つとして「バランスシート不況」をあげることができます。バブル期に企業は土地や建物といった不動産を担保にしてお金を借り入れていました。ところが、バブル崩壊後には、不動産価格が長期的に下落していきました。お金が返ってくる見込みのない貸し付けを「不良債権」とよびますが、この不良債権に苦しんだ銀行は、企業に対して貸し付けを減らし、追加の担保を出すよう求めていきました。

銀行からの圧力にさらされた企業は、しだいに、銀行への借金返済を急ぐようになっていきました。その資金をひねりだすために、一九九〇年代の後半以降、賃金が削られていきました（図）。賃金の下落は消費の低迷と物価の下落を生みました。物の価値が下がるということは、反対にいえば、お金の価値が上がることを意味しています。お金の価値が上がることで、実質的な借金の額が増え、企業はさらなる賃金の抑制を迫られていきました。

技術革新やグローバル化の影響も大きなものでした。ＩＴの発展は、さまざまな仕事を陳腐化させました。それまでは熟練労働が必要と考えられていた仕事が、ＩＴの発展によって、誰にでもこなせる仕事へと変わってしまったのです。経済協力開発機構（ＯＥＣＤ）

の報告書でも指摘されるように、この変化が賃金の下落を後押ししたことはいうまでもありません。

これだけではありません。中国やインド、ブラジルといった新興国が経済発展し、低い賃金に支えられた安い商品が先進国市場になだれこんできました。安い商品の流入が物価を下落させ、企業収入が減ることで賃金が減らされるという動きが先進国中で起きました。

さらに、ＢＩＳ規制や国際会計基準の導入も見逃せません。ＢＩＳ規制とは銀行の自己資本を強化するための規制です。資産に占める自己資本の割合を八％以上にすることが国際的に求められました。低い自己資本比率に苦しんでいた日本の銀行は、この比率を高めるために資産に含まれる貸し付けを圧縮しました。企業は、自らの資金で設備投資を行う動きを強めざるをえず、このことも人件費の削減につ

図　給与所得者の１人当たり平均給与額

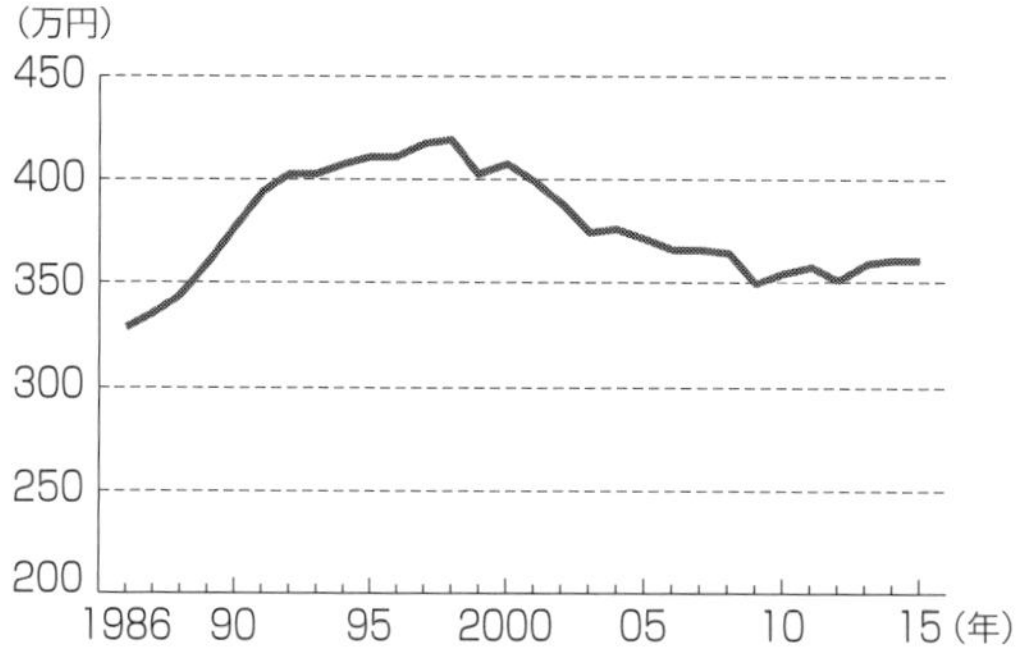

（出所）民間給与実態統計調査より作成。

ながっていきました。

一方、一九九〇年代の後半になると、一定期間内のお金の出入りである「キャッシュフロー」を重んじる国際会計基準が日本に導入されました。投資家は、投資するときの基準として、キャッシュフローが多いか少ないかをみるようになりました。企業は、株価を上げるためにキャッシュフローを増やすべく、賃金の引き下げを活発にしていきました。

このように内外の経済的な変化のもとで、企業が賃金を下げるための手段として活用したのが非正規雇用でした。政府が労働規制をやわらげたこともあり、一九九〇年代の後半には非正規雇用化が急速に進んでいきました。二〇〇〇年代には企業はバブル期に匹敵する経常利益を実現しましたが、そのあいだ、世帯当たりの所得はほぼ一貫して下がりつづけました。

回 袋だたきの政治と将来不安

勤労国家の政策は全面発動されましたが、バブルの後遺症をひきずり、またＩＴ化やグローバル化の影響にもさらされたことで、賃金が下がる動きに対抗できませんでした。そして、最後に残されたのが空前の政府債務です。一九九五年に財政危機宣言が出され、紆余曲折を経ながらも、歳出削減を追求する時代が訪れました。

現役世代の受益が少なかったことに触れましたが、それだけではなく、小さな政府だった日本の財政には、支出を抑えるために、「年収〇〇万円以下の人たち」というふうに、受益者を貧しい人に限定する所得制限が至るところに刻み込まれていました。

また、政治家は、有権者に個別の利益を提供することで票を手にしてきました。ですので、中小企業対策、農家の所得保障、地方向け公共投資というふうに、「特定の誰かの利益」の寄せ集めのような財政ができあがりました。第9章でも述べますが、多くの先進国では、医療がタダだったり、大学授業料がタダだったりと、「みんなの利益」となる分野が数多くあります。一方、日本では外交、安全保障、そして義務教育という三つの分野しか、「みんなの利益」となる領域が存在していません。

このような財政のなかで、どこから歳出削減を始めるかという難しい問題が政府に突きつけられたのです。自然と増えていくお年寄り向けの年金や医療、そして二〇〇〇年に導入された介護保険への支出を抑えるのと同時に、これらの予算に必要な財源を絞り出すために、政府はさまざまな「ムダ」を発見し、予算の穴を埋めることに必死になりました。

二〇〇〇年代になると、公共投資、特殊法人、公務員や議員の人件費、地方自治体への補助金、生活保護、震災復興予算、薬の値段といったふうに、次から次へとムダ使いのレッテルが貼られ、削減や抑制の対象とされていきました。いかに受益者が不正な支出を行い、いかに税金がムダ使いされているかを暴きあうような政治の状況が生まれたのです。まるで「袋だたきの政治」です。このような袋だたきの対象のなかには、地方に住む人々、貧しい人々、高齢者や病気になった人など、多くの社会的な弱者が含まれていました。このように社会の優しさが失われた理由は何だったのでしょう。

それは、中間層の生活水準が激しく劣化したことです。一九九〇年代半ばをピークに、年収四〇〇万円から八〇〇万円くらいの所得階層の人たちが大きく所得を落としました。九五年に三四%だった年収四〇〇万円以下の世帯の割合は、四七%に増えました。また、いまでは、非正規雇用の割合が全体の四割におよび、年収二〇〇万円以下の世帯割合も二割を超えています。

所得格差も深刻です。格差の大きさを示すジニ係数をみますと、財政で格差を小さくしたあとの数値はOECD加盟国のなかで九番目に大きくなっています。税引き後の所得が中央値の二分の一未満の人の割合を「相対的貧困率」といいますが、この率も六番目に高く、ひとり親世帯に至っては最も貧困率が高いという状況です。

自分たちのニーズを手当てしてもらえない中間層は、増税や貧困対策への反発を強めています。生活が厳しさを増すなか、自分の負担を減らすために、他者の取り分を削る動きが強まっています。それどころか、子どもたちまでもが負担になりはじめています。教育費の負担の大きさの前に中間層はたじろぎ、結婚や出産さえあきらめつつあるのです。

どの国でも経済成長は大切な問題です。しかし、日本の福祉国家の実態は、近世以来の勤労の思想をベースとしながら、政府の現役世代への生活支援が弱く、経済成長が停滞しはじめると、とたんに人々の生活が不安定化する社会でした。だからこそ、繰り返し成長神話論が唱えられる一方、脱成長という極端な議論が反対に注目されることからもわかるように、第1章で取りあげたGDPへの信仰がひときわ日本では強いのです。勤労国家という名の自己責任社会は、いまを生きる多くの大人たちに生きづらさを刻み込んでいます。

〈参考文献〉

池田勇人［一九五二］『均衡財政――附・占領下三年のおもいで』実業之日本社
井手英策［二〇一二］『財政赤字の淵源――寛容な社会の条件を考える』有斐閣

井手英策［二〇一七］『財政から読みとく日本社会――君たちの未来のために』岩波書店
井手英策・松沢裕作編［二〇一六］『分断社会・日本――なぜ私たちは引き裂かれるのか』岩波書店
井手英策・古市将人・宮﨑雅人［二〇一六］『分断社会を終わらせる――「だれもが受益者」という財政戦略』筑摩書房

第3章

時代——時代を分けることと捉えること

回 時代の分け方

過去をいくつかの時期に区分して考えることは、ごく普通に行われています。たとえば、現在日本の高等学校で使用されている教科書『詳説日本史B』（山川出版社）を開いてみると、日本列島に居住した人類の歴史が、古い順に、Ⅰ原始・古代、Ⅱ中世、Ⅲ近世、Ⅳ近代・現代という四つの部に分かれて記述されています。さらに、それぞれの部の冒頭には略年表が掲げられており、そこでは、古い順に、縄文、弥生、古墳、飛鳥、奈良、平安

(以上、第Ⅰ部原始・古代)、鎌倉、南北朝、室町(以上、第Ⅱ部中世)、安土桃山、江戸(以上、第Ⅲ部近世)、明治、大正、昭和、平成(以上、第Ⅳ部近代・現代)という、「時代」が示されています。

「時代」という言葉はごく常識的に用いられており、「江戸時代」と「現代」が違うのは当たり前であるかのようにもみえます。しかし、学問的には「時代区分」は歴史研究者にとってはいつも論争の的でした。なぜなら、すべての人が納得する共通の時代区分を作ることは困難だからです。

たとえば、いま紹介した日本史教科書のような「古代」「中世」「近世」「近代」(ここでは話を単純にするために、いちばん古い「原始」といちばん新しい「現代」については議論から外しておきます)という四時代区分が定着するまでには複雑な経緯がありました。

この時代区分の原型となっているのは、一七世紀末にヨーロッパで使われはじめた「古代」「中世」「近代」という三時代区分法です。この場合「古代」とは、主としてギリシャ・ローマのことをさし、「近代」とはルネサンス以降の時代のことをさします。ヨーロッパ文化の源流としてのギリシャ・ローマと、その復活としてのルネサンスのあいだに、「中世」が挟まるという時代区分の仕方です。

もう一つ、戦後の日本で影響力をもった歴史の見方に、マルクス主義的な発展段階論があります。カール・マルクスは、一八五九年の著作『経済学批判』の序言のなかで、生産様式、つまり経済の仕組みのあり方を基準とすると、人類の歴史は、アジア的生産様式の時代、古典古代的生産様式の時代、封建的生産様式の時代、および近代ブルジョア的生産様式の時代、という四段階に分けて考えることができる、という見取り図を示しました（マルクス 一九五六）。「アジア的生産様式」については、研究者のあいだでさまざまな解釈があるのでここでは説明しません。「古典古代的生産様式」とは、ギリシャ・ローマの都市国家にみられるような、奴隷が奴隷主のもとで生産を担う社会、「封建的生産様式」とは、中部・西部ヨーロッパにみられたような、領主（貴族）が荘園を所有し、その荘園に所属する農奴が生産を担うような社会、「近代ブルジョア的生産様式」とは、資本家が労働者を雇って生産を行わせるような社会をさしています。

マルクスのいう「古典古代的生産様式」が三時代区分でいうところの「古代」に、「封建的生産様式」が「中世」に、「近代ブルジョア的生産様式」が「近代」にそれぞれ重なるという点に注目しておきたいと思います。一九世紀ヨーロッパに生きたマルクスは、その時代に一般的であった三時代区分法を下敷きにしながら、生産様式の歴史的変化を位置づけようとしていたといえます。

もっとも、マルクスの主たる関心は、彼自身がそのなかに生きていると考えていた「近代ブルジョア的生産様式」、すなわち資本主義的生産様式にありましたから、それ以前の生産様式についてマルクスによる体系的な著作が残されているわけではありません。したがって、マルクスの発展段階論は多分に、資本主義的な経済を説明するために設定された仮説的な見取り図というべきものです。しかし、マルクス以後のマルクス主義者たちのなかには、この四段階を、かなり固定的な図式として捉える傾向がありました。そうした議論のなかでは、「古典古代的生産様式」は「奴隷制」、「封建的生産様式」は「封建制」ないし「農奴制」、「近代ブルジョア的生産様式」は「資本制」と言い換えられることが多くありました。

回 日本史の時代区分論争

マルクス主義の影響を受けた戦後日本の歴史研究者たちは、こうした発展段階が「世界史の基本法則」である以上、日本にもこうした時代区分が当てはまるはずだ、という前提に立ち、時代区分をめぐる論争を繰り広げることになります（尾藤 一九九二）。したがって、論争は、奴隷制・封建制・資本制という三時代区分を前提とし、日本史のどの部分がどの時代に属するのか、という形で争われることになります。

この論争で焦点となったのは、日本において封建制社会はどこから始まるか、という問題でした。第一の学説は、封建制社会成立の画期を、鎌倉幕府の創設に求めました。鎌倉幕府の創設は武士による政権樹立という点で日本史上の大きな画期であることは誰の目にも明らかです。日本の武士をヨーロッパの領主層に相当するものとみて、鎌倉時代のシステムをヨーロッパの封建制と比較する、という視点は、マルクス主義の立場をとるわけではない学者のあいだでも、明治時代から長い研究の蓄積がありました。第一の学説は、こうした広く流布していた議論をそのままマルクス主義的な観点から整理したものといえます。

ところが、これに対して批判が提出され、第二の学説が唱えられることになります（安良城 一九五九）。第二の学説は、鎌倉時代や室町時代の社会は、封建制ではなく奴隷制の社会である、と主張します。そして、日本における封建制社会成立の画期は、豊臣秀吉によって行われた太閤検地である、と主張します。したがって、日本における封建制社会の時期は、ほぼ江戸時代に重なる時期である、というのが第二の学説の立場です。この立場

表　日本史の時代区分をめぐる学説

	奈良	平安	鎌倉	室町	安土桃山	江戸	明治
学説1	奴隷制		封建制				資本制
学説2	奴隷制				封建制		資本制
四時代区分	古代		中世		近世		近代

は、鎌倉時代や室町時代の農民は、独立した経営を形成しておらず、領主の経営のなかに包摂された奴隷的存在であり、農民たちが自立したのは太閤検地によって土地制度が大きく変更されたからだ、という認識を前提にしていました。

こうして、戦後日本の歴史学では、日本史の時代区分をめぐって大きく二つの学説が現れて、論争が繰り広げられることになりました。整理すると表のようになります。

しかし、この論争が決着することはありませんでした。そもそも、主としてヨーロッパを念頭に置いて作られたマルクスの発展段階論を、日本においてそのまま適用しようとした点に無理があったというべきでしょう。その発展段階論を絶対のものとしなければ、なにも日本史をむりやり三つに切る必要はないわけです。結局、第一の学説が主張する鎌倉時代の画期と、第二の学説が主張する太閤検地の画期が、それぞれ（研究者によって前後に幅はあるものの）時代区分上の画期として学界で通用するようになり、鎌倉時代以降を「中世」、江戸時代以降を「近世」とよぶ、という時代区分が、習慣として定着しました。明治維新以降は「近代」とよばれますが、「近世」と「近代」は、どちらも訓読みすれば「ちかい」「よ」で、意味としては「最近の時代」ということになります（実際、四時代区分が定着するまで、「近世」と「近代」は同じ意味で使われることがしばしばありました）。このように、この四時代区分法には確固たる学術的根拠はないのですが、ともあれ、このような経緯で、「古代」「中世」「近世」「近代」という、現在の日本史教科書で使われる時代区分はできあがったのです（朝尾 一九九一）。

このように、研究者のあいだでは時代区分をめぐる見解はしばしば対立します。あらためて考えてみると、時間の流れはいつも連続しており、そこに切れ目が最初から入っているわけではありません。時代を区分するというのは、連続して流れる時間に、あとからそれをみる観察者が切れ目を入れる、という作業です。それを適当に切るというわけにはいかず、何らかの基準で切れ目を入れることになるわけですが、どのような基準で切れ目を入れるのかが問題になります。

日本史の教科書で用いられているような、奈良時代から江戸時代に至る時代区分は、政治的中心地の地名を時代に冠したもので、政治的中心地の移動が時代を区切る基準として用いられています。ところが、江戸時代のあとは明治時代、大正時代と続きますが、これは元号名を時代区分の名称として用いています。明治天皇以後、元号は天皇一代につき一つと定められていますから、これは天皇の代替わりが時代を区切る基準として用いられているということになります。つまり、江戸時代までと明治時代以降では時代区分の基準が異なっており、首尾一貫していません。江戸時代までの基準でいえば、江戸時代の終焉から現在までは「東京時代」とよばれることになるはずですが、そうした時代名が使われることは滅多にありません。このことは、ある一つの基準で時代を区分することが難しいこと、また自分たちにとって近い時代になればなるほど、時代区分の困難さは増すことを示しています。

回 発展段階論はなぜ生まれたか

マルクス主義的な発展段階論には、原型というべきものがありました。それは一八世紀スコットランドの知識人たち（「スコットランド啓蒙」）が唱えた発展段階論です。それは、人類の社会は、「狩猟」「遊牧」「農業」「商業」の四段階を、階段を一歩ずつ上るように発展する、というものです。ここで用いられている基準は、人々がどのような活動によって自分たちの生活を支えているのかという、社会の経済的な側面です。

このスコットランド啓蒙の発展段階論について研究したロンルド・ミークは、一八世紀後半のヨーロッパにこうした発展段階論が出現する理由を、二つあげています（ミーク 二〇一五）。第一に、当時の人々の目の前で、実際に、速いスピードで大きく社会が変化していったことです。一八世紀後半のヨーロッパは、後年「産業革命」とよばれるような、工業化、資本主義化の変化のなかにありました。スコットランド啓蒙の四段階でいえば、「農業」段階から「商業」段階への変化は、彼ら自身が経験した変化でした。こうした急激な社会の変化が、人類が過去に経験した変化への注目を促したのです。

もう一つは、知識の空間的広がりです。ヨーロッパ諸国が世界各地に進出し、植民地を領有したことは、ヨーロッパ以外の土地に住む人々へのヨーロッパ知識人の関心を高めました。そして、ヨーロッパ知識人は、ヨーロッパ外の人々をヨーロッパからみて「遅れた」段階にある人々として認識しました。

そこでしばしば参照されたのは、アメリカ大陸の先住民でした。アメリカ先住民のような生活様式こそが、あらゆる人類社会が最初に経験する生活様式で、アメリカ先住民はその人類の最初期の状態のままとどまっている人々である、と理解されたのです。

ここで私たちは、「時代区分」の仕方自体が、「時代」によって変化するという事実に直面します。一八世紀後半のヨーロッパ知識人たちは、ヨーロッパ社会の急激な変化と空間的な拡大を前に、異なる経済的な仕組みをもつ社会が、いくつかの段階を経て現在に至るという発想、つまり発展段階論的な時代区分を生み出しました。そして、その発想は、マルクス主義にも影響を与える一方、マルクス主義に批判的な学者にも受け継がれています。

一八世紀後半にヨーロッパが経験した急激な社会の変化と、空間的な拡大によってもたらされた新しい時代のことを、現在私たちは「近代」と通称しています。日本史において明治維新以降が「近代」とよばれるのも、一九世紀後半の日本の開国と貿易の開始によって、日本がこうした世界史的「近代」に結びつけられた、という理解に基づいています。

そうであるとすれば、発展段階論という時代区分の仕方は、ヨーロッパに生まれた近代という時代に特有の時代区分の仕方だ、ということがいえそうです。

回 時代区分は必要か

さて、ひるがえって現在の社会科学は時代区分をどのように扱っているでしょうか。実は、現在の社会科学のなかには、時代区分を必要としない立場からの研究も数多くあります。

現在、社会科学の諸分野で一定の影響力をもつ方法に、自然科学をモデルとして、数学的な方法を用いて現実を描写しようとするやり方があります。そうした研究のなかでは、同一の条件から同一の現象が生じることを時代や場所を超えて観察しようとすることが行われることがあります。

たとえば、アブナー・グライフという経済史学者は、一一世紀の地中海で活動したマグリブ商人の集団に注目しています（グライフ 二〇〇九）。マグリブ商人は、遠く離れた地で貿易を行うために、現地で自分の代わりに活動してくれる代理人を置く必要がありました。しかしマグリブ商人は、代理人が不正なことをせずきちんと働いてくれるか、逐一は監視できません。

そこでマグリブ商人たちは、集団で次のような取り決めを結びました。それは、一度でも誰かに不正をしたことのある代理人は、次からは誰も契約しないという取り決めです。代理人としては、誰か一人のマグリブ商人に不正をすると、次からはどのマグリブ商人にも雇ってもらえません。これを「多者間の懲罰戦略」といいます。それにより代理人は、不正による短期的な利益の獲得をやめ、長期的に利益を得られるようきちんと働くようになります。

話のポイントは、マグリブ商人と代理人は長期的な関係にあることです。各期に、マグリブ商人は代理人と契約するか否かを決め、代理人はきちんと働くか否かを決めます。そして多者間の懲罰戦略のもとでは、毎期、代理人はきちんと働いて、マグリブ商人は次期も雇用を続けるという、いわば協力状態が長期的に実現します。もしマグリブ商人と代理人の関係が一度きりのものであれば、次からは契約をしないという懲罰は意味をなしません。

このように、一度きりの関係なら協力できずとも、長期的な関係であれば協力できるというのは、マグリブ商人と代理人のあいだに限らず、私たちの身の回りにも散見されることです。嫌な奴だが、長く付き合わざるをえない相手だから、けんかをして険悪な関係が続くのは避けよう、というようにです。戦略的な行動を考察する学問であるゲーム理論では、長期的な関係を、「繰り返しゲーム」として設定し、分析することがよく行われます。グライフは、マグリブ商人と代理人の置かれた状況を一種の繰り返しゲームとして定式化し、そこでは多者間の懲罰戦略が用いられやすいことを示しました。そのように定式化されるような状況だからこそ、多者間の懲罰戦略は起こったのだという発想です。

さて、こうした発想によれば、マグリブ商人と代理人に限らず、グライフの定式化が当てはまる状況では、やはり多者間の懲罰戦略は起こりやすい現象である、ということになります。日本経済史を専門とする研究者である岡崎哲二は、江戸時代日本の株仲間がそのような状況にあり、そこでも多者間の懲罰戦略が用いられていたと論じています（岡崎一九九九）。地中海をまたいで裁く強力な裁判所が一一世紀になかったのと同様、江戸時代の日本では民事訴訟を扱う裁判所の機能は弱いものでした。一一世紀のマグリブ商人たちと同じように、江戸時代の商人たちは、取引相手の不正を予防するため多者間の懲罰戦略を用いていたというのです。

岡崎の議論では、一一世紀の地中海の商人と、一八・一九世紀の日本の商人という、場所も時間も隔たった二つの集団が、同一の機能をもっていたことが注目されています。だからといって、岡崎は一一世紀の地中海と一八・一九世紀の日本が同じ「時代」だと主張しているわけではありません。こうした方法をとる議論では、時代区分といったものは必要ありません。人類の歴史全体は、さまざまな現象がちりばめられたフラットな机のようなもので、研究者はある理論を手に、その理論が適用可能な現象をその机のなかからみつけだすのです。

こうした議論だけが現在の社会科学で力をもっているわけではありませんが、かつてのような発展段階論や、それに基づく時代区分論が、全体として影響力をもたなくなってきたことは事実です。

回 社会の変化を捉えるために

さきほどみたように、発展段階論的なものの見方は、ヨーロッパが生んだ近代という時代と密接に結びついたものでした。そうであるならば、発展段階論的なものの見方の弱体化は、ヨーロッパが生み出した近代という時代の終焉、ないし、近代の「次」の時代が見通せないという不透明な状況と結びついているのではないでしょうか。

ヨーロッパ近代は、現在の日本社会でもその骨格となっている理念や仕組みをいくつも生み出してきました。それは個人を尊重する思想や、個人がもつ権利、すなわち人権を尊重する思想、自分たちのことは自分たちで決めるという民主主義の理念、市場を中心とする経済の仕組み、といったものです。

発展段階論的なものの見方は、そうしたヨーロッパ近代の産物が、これまでの人類の歴史からみて特異な到達点である、という理解に立ちます。そうした要素が「ない」ところから「ある」ところへの変化を経験した人たちが生み出したのが、発展段階論だったのですから、当然といえば当然です。そうであるとするならば、発展段階論的なものの見方の希薄化は、ヨーロッパ近代が手に入れた到達点を、いまや重要視する必要はない、手離してもよい、あるいは、それ以上のものは生まれないから、考えなくてもよいといった考え方と対応しているのではないでしょうか。時代区分意識の希薄化は、近代という時代の行き詰まりを反映しているということになります。

たしかに、ヨーロッパ近代を基準とする発展段階論は、現在の私たちの目からみれば問題の多いものです。第一に、それはあまりにヨーロッパ中心主義的で、それ以外の地域の生活や文化を、ヨーロッパより遅れたもの、停滞的なものとみなすものです。第二に、人類の歴史は、ヨーロッパの歴史を基準として、どこでも同じ段階を踏んで発展するものと考えています。こうした硬直的な時代区分がうまくいかないことは、日本の歴史をマルクス主義的発展段階論に合わせて区分しようとした試みがうまくいかなかったことを思い出してもらえればすぐわかるでしょう。

それでは、現在の私たちにとって、発展段階論や、それに基づく時代区分は捨ててしまって構わないものなのでしょうか。

いま、私たちは、ヨーロッパ近代が生み出したさまざまな仕組みの行き詰まりに直面しています。発展段階論という、社会が右肩上がりに進歩していくことへの信頼は、ＧＤＰという数値に象徴されるような経済成長への期待につながっています。発展やＧＤＰの成長率といった近代の価値、これを勤労と自己責任で実現してきた日本の社会モデルの行き詰まりに直面している私たちにとって、発展段階論的な時代区分が信じられないのは当然のことなのかもしれません。

しかし、もう一度考えなくてはならないことは、一八世紀ヨーロッパの発展段階論の先駆者たちは、社会が変化することを目の当たりにして発展段階論を生み出した、ということです。人間が形づくる社会は多様である、そしてそれは変化する、という確信が、発展段階論の核にはあるのです。反対に、時代区分をまったく不要なものとして、人類の歴史をフラットな机の上の出来事の散乱としてみることは、私たちはこの机の外に出ることはできない、というあきらめを含んでしまうのではないでしょうか。

決められたゴールに向かって階段を一歩ずつ上っていくような「発展」が信じられなくなったとしても、いま私たちが住むこの社会は、いまとは違う姿に変化するかもしれない、そしてそれはいまより多少なりともましなものであるかもしれない、たとえば、ＧＤＰを増やすために勤労に耐えるような生活を送らなくてもよい新しい社会をつくることができるかもしれない、そうした希望まで捨て去ってしまう必要はないでしょう。この本のなかでも、第Ⅱ部以降、いままさに社会はゆらぎ、変化しつつあることを示すような、出来事や議論にみなさんは出合うことになります。

社会の変化を捉えるためには、過去の社会がどのように変化してきたのかを知ること、つまり一つの時代が終わり、別の時代が始まるという時代区分の意識をもつことは依然としてその意味を失ってはいないのです。

〈参考文献〉

朝尾直弘［一九九一］「『近世』とはなにか」朝尾直弘編『日本の近世1――世界史のなかの近世』中央公論社

安良城盛昭［一九五九］『幕藩体制社会の成立と構造』御茶の水書房

岡崎哲二［一九九九］『江戸の市場経済――歴史制度分析からみた株仲間』講談社

アブナー・グライフ（岡崎哲二・神取道宏監訳）［二〇〇九］『比較歴史制度分析』NTT出版

尾藤正英［一九九二］『江戸時代とはなにか――日本史上の近世と近代』岩波書店

カール・マルクス（武田隆夫ほか訳）［一九五六］『経済学批判』岩波書店

ロンルド・L・ミーク（田中秀夫監訳、村井路子・野原慎司訳）［二〇一五］『社会科学と高貴ならざる未開人――18世紀ヨーロッパにおける四段階理論の出現』昭和堂

第Ⅱ部　〈私たち〉のゆらぎ

多数決の選挙や決議によって、多くの社会的意思決定は行われています。しかし多数決の結果と人々の意思が、必ずしもよく一致するとはかぎりません（第4章）。そのはざまを埋めるのが**運動**です（第5章）。しかし、価値の多様化、利害関係の複雑化、階級関係の解消を背景に、この運動の軸点が不明瞭になり、既成の制度や価値からこぼれ落ちる**私**たちが社会にあふれかえっています。いわば社会の個への分解現象が生じつつあるのです（第6章）。

第4章

多数決——私たちのことを私たちで決める

回 多数決とは何だろうか

あなたは多数決を最初に使った日のことを覚えているでしょうか。

きっといつだかは覚えてないのではないでしょうか。小学校の学級会で何かを決めるとき、使った記憶はあるかもしれない。あるいはもっと幼いころ、友達と何をして遊ぶか決めるときに、使ったかもしれない。おそらく物心がついたときにはすでに多数決は日常に入り込んでいて、いつの間にかそれに慣れてしまっているのではないか。

だから大人になって選挙に行くとき、もっとよい候補や政党がいたらいいのにと不満をもつことはあるかもしれないけれど、多数決で投票すること自体には特段の疑問をもたない。選挙とはこういうものなのだからと。

しかし、慣れることと飼い馴らされることは、紙一重のことかもしれません。それはちょうど聞き分けのよい人と扱いやすい人とに、ほとんど違いがないように。

日本では二〇一六年に、選挙権年齢が二〇歳以上から一八歳以上に引き下げられました。それにともなう主権者教育として、学校では多数決の模擬選挙がよく行われています。しかし主体的な主権者とは、現行の選挙制度に飼い馴らされきった人のことではないでしょう。そこには現行制度の性質や出来具合を問う目が備わっていなければなりません。

◎三択以上で起こる「票の割れ」

多数決というといかにも多数派の意見を尊重しそうです。だからこそ「少数意見を尊重せよ」ともいわれるわけです。しかし、多数決がつねに多数派の意見を尊重するとは限りません。

一例として、二〇〇〇年のアメリカ大統領選挙をあげてみましょう。アメリカは二大政党制の国ですが、このとき民主党はアル・ゴアを、共和党はジョージ・W・ブッシュを大統領候補として擁立していました。事前の世論調査ではゴアが有利、そのまま事が進めばゴアが勝ったはずです。ところがそうはならなかった。途中で何が起こったかというと、社会活動家の弁護士ラルフ・ネーダーが、「第三の候補」として参戦したのです。ネーダーの主張や政策はゴアのほうに近く、ネーダーはゴアの票をわずかにですが致命的に喰い、ブッシュが「漁夫の利」で勝利をおさめました。しかしブッシュとゴアの比較ならば、ゴアのほうが高い支持を得ていたのです。

ブッシュが大統領に就任した二〇〇一年、アメリカは同時多発テロの攻撃を受けます。彼は〇三年には、報復活動の延長線上に、イラク侵攻を開始しました。フセイン政権は倒壊し、イラクは「民主化」しますが、統治は安定しません。フセインの残党が勢力を盛り返してイラクの一部を奪回して、それがいまのいわゆる「イスラム国」（IS）の母体となっています。イラク侵攻はブッシュが強力に推し進めたものであり、彼以外の人が大統領であったら起こらなかったと推察されます。ネーダーが獲得した全米での得票率は三％にも満たないものですが、その後の世界史を変えた「票の割れ」といえるでしょう。

日本でも票の割れはよく起こっています。政局に大きな影響を与えた例として二〇一四年衆院選での、東京一区の結果をみてみましょう（表1）。主要な候補は三人です。

当選したのは自民党の山田美樹氏、次点で落選したのは民主党の代表であった海江田万里氏です。代表の落選は民主党に大変なダメージを与えました。この後、民主党は他党と合流のうえ改称し、民進党になっています。

表1　2014年衆院選 東京一区の結果

1位（当選）	山田美樹（自民）	107,015票
2位	海江田万里（民主）	89,232票
3位	冨田直樹（共産）	32,830票

この選挙結果で注目したいのは、三位となった共産党の冨田直樹氏が相当の票を獲得していることです。二位と三位の票を合わせると一二万二〇六二票になりますから、一位の一〇万七〇一五票を十分上回ります。そしておそらく冨田に投票した人たちの多くは、民主党の海江田と自民党の山田なら、海江田のほうを支持するのではないでしょうか。つまり民主党と共産党が候補を海江田に一本化する選挙協力をしていれば、彼は勝てたはずだと考えられます。なお、こうした考察は、海江田が選挙で勝つべきだったと主張しているわけではありません。ただ、海江田には勝つ道筋があったように見受けられると説明しているのです。

歴史に「もし」はないといいますが、「もし」を考えることは大切です。それは「あり

表2　2016年参院選で幸福実現党が自民党の票を喰い、民進党の勝利に貢献したと思われる一人区

青森		三重	
㊂田名部匡代（民進）	302,876票（49.2%）	㊂芝博一（民進）	440,776票（49.7%）
山崎力（自民）	294,815票（47.9%）	山本佐知子（自民）	420,929票（47.5%）
三國佑貴（幸福）	18,071票（2.9%）	野原典子（幸福）	24,871票（2.8%）
新潟		**大分**	
㊂森ゆうこ（民進ほか推薦）	560,429票（49.0%）	㊂足立信也（民進）	271,783票（48.1%）
中原八一（自民）	558,150票（48.8%）	古庄玄知（自民）	270,693票（47.9%）
横井基至（幸福）	24,639票（2.2%）	上田敦子（幸福）	22,153票（3.9%）

えたはずの現在」を考えることでもあり、「次にどうすればよいか」を考えることにつながるからです。

二〇一六年の参院選で民主党あらため民進党は、共産党をはじめとする他の野党と選挙協力を行いました。三二区ある「一人区」すべてで統一候補を立てることにしたのです。これは目にみえる成果をあげました。野党は一三年の参院選「一人区」では二議席しか取れませんでしたが、それが一六年のほうでは一一議席まで伸びたのです。

ただしこれは、野党が選挙協力をして票の割れを防いだからそれなりに勝てた、というだけの話ではありません。実は自民党の票が、別の党に致命的に喰われてしまい、

その助けもあって野党の選挙協力が奏功した面もあるのです。この「別の党」とは宗教法人「幸福の科学」の創始者である大川隆法氏が総裁を務める幸福実現党です。

表2にあるように、青森、三重、新潟、大分の四つの選挙区で、民進党の候補は僅差の勝利をおさめています。そして二位である自民党の候補と、三位である幸福実現党の候補の票を足すと、一位の民進党の候補の票を上回ります。幸福実現党の政治的な立ち位置は、野党側よりも自民党のほうにずっと近いので、これら四選挙区で幸福実現党が候補を擁立しなければ、自民党が勝っていたと考えるのが妥当でしょう。

回 多数決ではない選挙のやり方

二〇〇〇年のアメリカ大統領選でのネーダーも、一四年の衆院選での共産党の候補も、また一六年の参院選での幸福実現党の候補も、当選する見込みがあったとはいいがたいものです。もちろん本人や支援者は当選を期待していたでしょうし、当選する見込みがないからといって立候補していけないわけでもありません。しかし泡沫《ほうまつ》候補一名の出現が結果をがらりと変えてしまう、多数決がそのような制度であることには十分な注意が必要です。

思想や考えが必ずしも近くない政党どうしの選挙協力は、「選挙互助会」と揶揄《やゆ》されることもありますが、これは多数決の選挙のもとでは、避けられないことです。多数決というゲームのルールのもとでは、プレイヤーたちはそのように振る舞わざるをえない。これは民進党や共産党といった野党に限らず、自民党や公明党といった与党だって同じです。もちろん選挙協力しないこともできますが、その結果、党首が落選したり、党がなくなってしまったりする。そして選挙協力をしてもなお、幸福実現党のような「第三のプレイヤー」の出現が結果をがらりと変えうる。今後、幸福実現党は、候補を立てるか否かによって、自公に対して一定のプレッシャーを与えられるはずです。

では票の割れに対して脆弱ではない、多数決とは別の決め方にはどのようなものがあるでしょうか。

最も単純なのは、多数決に決選投票を付けることです。初回の多数決で、一位の候補が過半数の票を得ていなければ、一位と二位だけで二回目の多数決、決選投票を行う。決選投票はフランスの大統領選や下院選で用いられています。そして案外と知られていませんが、日本の国会における首相の選出でも、仮に多数決の一位の得票数が過半数に満たなければ、二位と決選投票をすることになっています（衆議院規則第一八条三項、参議院規則第二〇条）。また、自民党の総裁選や民進党（民主党）の代表選には、決選投票が付いているのが通常です。二〇一二年に選出された自民党の安倍晋三総裁や、一五年に選出された民主党の岡田克也代表は、いずれも初回の多数決では二位でしたが、決選投票で票を集めて勝利したのでした。

決選投票の段階では選択肢は二つだけなので、もはやそこでは票は割れようがない。だから決選投票付き多数決は票の割れに強いといえます。しかし初回の多数決で選択肢が三つ以上あると、そこでは票の割れは起こります。たとえば二〇〇二年のフランス大統領選では、極右政党である国民戦線のマリー・ルペンが初回の多数決で二位につき「ルペン・ショック」と呼ばれる大きな騒ぎになりました（一位のシラクと二位のルペンが決選投票で対決し、そこでシラクが勝利）。極右政党の党首が決選投票に進むことはヨーロッパの右傾化の進展だと受け止められたのですが、たくさんある穏健な党のあいだで票が割れる一方、極右政党は他に似たものがないから「右翼票」を丸ごと集められるのです。悪目立ちは多数決の選挙に有利なのです。

より広い層から支持を集めねば勝てない決め方には何があるかというと、「一位に三点、二位に二点、三位に一点」のように順位に加点していくボルダルールというものがあります。この決め方は票の割れにも強い。多数決だと有権者は、ネーダーに票を入れると、ゴアには票を入れられません。しかしボルダルールのもとだと、ネーダーを一位にしてゴアを二位にできるので、「第三の候補」の影響は軽減されます。

多数決のもとで票の割れが起こるのは、有権者には「どの一人を支持するかという」極端な意思表示しかできないためです。多数決とボルダルールは一見かなり異なるものにみえるかもしれませんが、実はともにスコアリングルールという同種のルールに属しています。スコアリングルールとは「一位に何点、二位に何点……」と配点する方式のことですが、多数決は「一位に一点、二位以下はすべてゼロ点」とする極端な傾斜配点のスコアリングルールなのです。

回 決め方で変わる結果

多数決、決選投票付き多数決、ボルダルールは、ときに異なる結果を導きます。簡単な例として、有権者が九人で選択肢がＡＢＣの三つがある表3の例を考えてみましょう。この表は「四人の有権者は上からＡＣＢの順序で支持する」のように読みます。有権者はこの順序に基づき投票すると考えます。

多数決のもとではＡが勝ちます。有権者の四人がＡ、三人がＢ、二人がＣに投票するからです。Aは過半数の票までは得ていないことに注意してください。決選投票付き多数決のもとではBが勝ちます。初回の多数決で一位のAと、二位のBが決選投票に進んで、そこではBが勝つからです。なぜなら決選投票では、もとからBを支持していた三人に加えて、もともとはCを支持していた二人がBの支持にまわるからです。

ボルダルールのもとだとCが勝ちます。得点を計算してみると、AとBは17点で、Cは20点になっています（計算例：Bは17点＝〔3点×3人〕＋〔2点×2人〕＋〔1点×4人〕となる）。

表3 決め方しだいで結果が変わる例

	4人	3人	2人
1位	A	B	C
2位	C	C	B
3位	B	A	A

多数決ならA、決選投票付き多数決ならB、ボルダルールならCが勝つというわけで、決め方しだいで結果は変わります。選挙で民意を明らかにする、といったことがよくいわれます。しかし決め方しだいで変わるものを、安易に民意と呼ぶわけにはいきません。選挙で明らかになるのはあくまで選挙結果なのです。

私たちにできるのは、民意を探し当てることではなく、どの決め方が望ましいかを子細に検討して使うことです。泡沫候補の有無が結果に大きな影響を与えないというのは望ましさの基準の一つで、この基準からは、多数決よりは決選投票付き多数決、さらにはボルダルールのほうがより望ましいといえます。

ボルダルールやそれに似たものの活用例をいくつかあげてみましょう。

中欧スロヴェニアの国政選挙での少数民族代表選挙や、日本の書店員有志による「マンガ大賞」の二次選考ではボルダルールが使われています。太平洋に浮かぶ島国ナウルの国政選挙では「一位に一点、二位に二分の一点、三位に三分の一点」のように配点するスコアリングルールが、日本の書店員有志による「本屋大賞」の二次選考では「一位に三点、二位に二点、三位に一・五点」とするスコアリングルールが使われています。

回 間接選挙と直接選挙

選択肢が三つ以上あると、票の割れが起こるので、多数決は好ましくありません。しかし選択肢が二つなら多数決で問題ないのでしょうか。ここでは「何に対して多数決をするか」を考えてみます。

いま五人の有権者と、政党AとBがあるとします。選挙で争点となるテーマは三つ、「原発」「財政」「外交」だとします。有権者はこれら三つのテーマを同程度に重視しており、各人の政党への総合評価は表4のとおりとします。この表は、有権者1は原発と財政

表4　オストロゴルスキーの逆理

有権者	原発	財政	外交	総合評価
1	A	A	B	A
2	A	B	A	A
3	B	A	A	A
4	B	B	B	B
5	B	B	B	B
多数決	B	B	B	A

ではAを支持するが、外交ではBを支持し、総合評価としてはAを支持する、のように読みます。

過半数の有権者1と2と3は政党Aを支持しています。だから政党（の候補）に多数決をすると、政党Aが勝利します。ところがテーマごとに多数決をすると、そうはなりません。原発も、財政も、外交も、三対二でBが勝利します。つまり政党への間接選挙と、政策への直接選挙では、結果は正反対になるわけです。これをオストロゴルスキーの逆理《パラドックス》といいます（Rae and Daudt 1976）。オストロゴルスキーの逆理が起こるのは、政党が政策のパッケージになっているからです。有権者は三つのテーマについて「AAA」か「BBB」のパッケージしか選べない。たとえば有権者1は「AAB」が最も好ましいわけですが、その選択肢はここには与えられていません。

回 多数決の「正しい使い方」

三択以上だと多数決はよい決め方ではないし、二択でも何を対象に多数決するかで結果は真逆になりうる。しかし多数決はまるでダメな制度というわけではありません。

特定の案に対するイエス・ノー二択の多数決を考えてみましょう。この例には、会議に企画書が出されてそれを通すか否か、国会に法案が提出されたがそれを採択するか否決するか、陪審員裁判で被告を有罪とするか無罪とするか、などがあります。

ここで多数決をして何かよいことがあるのでしょうか。実は適切に使うと「正しい判断をしやすい」というメリットがあります。適切な使い方とは何か知るうえでは、フォン・ノイマンによるコンピュータ設計への多数決原理の応用がたいへん参考になります。ノイマンは二〇世紀有数の天才科学者で、コンピュータの原理を発案したひとりですが、彼はコンピュータの設計において「低性能な電気回路から、高性能なコンピュータを作る」ことを心がけていました（von Neumann 1956）。

これはどういうことかというと、低性能な電気回路は、本来「A」と信号を送るべきところを、エラーを起こして「not A」と送ってしまいます。そうなるとコンピュータは誤作動を起こしてしまう。しかし電気回路の性能を高めるのには多大なコストがかかります。

そこでノイマンは低性能な電気回路をいくつも並列させて使い、信号たちのなかの多数派を採用するようコンピュータを設計しました。たとえば電気回路が三本あって、そのうち二本が「A」、残りの一本が「not A」の信号を発したとき、コンピュータは「A」を採用します。

低性能な電気回路であっても、三本のうち二本が同時にエラーを起こす確率は、とても低くなります。これによりコンピュータが正しく作動する確率が大きく高まります。仮に一本の電気回路が一〇分の一の確率でエラーするとしても、二本の電気回路が同時にエラーする確率は一〇〇分の一に低下するからです。

ここで人間を電気回路に、集団をコンピュータに見立ててみましょう。するといまと同様の理屈により、個々の人間が「イエス・ノーどちらにすべきか」について正しく判断ができずとも、彼らのうち多数派の判断は正しい確率が高まる、ということになります。

さて、これは多数決を安易に礼賛する話ではありません。むしろそれは多数決の「正しい使い方」とでもいうべきものを教え、安易な利用を牽制するものです。三人の有権者が多数決で意思決定する状況を例に考えてみましょう。

〈ボスがいてはだめ〉　三人のなかに一人「ボス」がいて、他の二人はこのボスと同じ投票をするとしましょう。このときボス以外の二人はボスのコピーなので、実質的な有権者はボス一人しかいません。電気回路を一本しか使わないコンピュータと同じで、よくエラーを起こします。これは過半数グループのなかのボスが存在しても同じです。二人の有権者のうち一方がボスだとすると、ボス一人の意見が多数決を経て集団の意思決定となるからです。

〈流されてはだめ〉　人々がその場の何となくの空気や、扇動に流されてはいけません。これは電気回路たちが、外部ショックで同じ方向にエラーを起こすようなことだからです。このときも複数の電気回路を用いるメリットが出ません。

〈情報が間違っているとだめ〉　有権者がひどく間違った情報をもっていてはなりません。これはごく当たり前のことで、「A」と伝えるべき電気回路に、最初から「not A」が入力されていてはなりません。

こう考えていくと、多数決に求められる有権者の像とは次のようなものです。ボスはおらず、空気や扇動に流されず、デマ情報に惑わされない。自律して熟慮する個人といってよいでしょう。こうして考えていくと、多数決を正しく使うのが決して容易ではないとわかります。

回〈私たち〉という意識

ノイマンのコンピュータにおける電気回路のように多数決を使うためには、有権者が多数決の目的を共有することが必要です。つまり電気回路にとっての、情報を正しく伝達する、というような目的の共有が必要です。陪審員でいえば、罪を犯した被告のみを有罪とする、がそれにあたります。

民主主義の多数決のもとでの有権者でいえば、それは何にあたるのでしょう。民主主義の考え方には多様な類型がありますが、その根本理念は「私たちのことを私たちで決める」ことです。たとえば何かの案への賛否を問う多数決が、この根本理念と親和するためには、「賛と否のうち、私たちにとって望ましい選択をすること」が有権者の目的として共有されねばなりません。

そして賛と否のどちらが私たちにとって望ましいかと問うためには、人々の心のなかで、〈私たち〉という意識が成り立っていなければなりません。それが成り立っておらず、各人がバラバラに「私にとって」「私の属する特殊な集団にとって」と問うようでは、目的の共有はなされません。

社会が分断した状態で、各人がバラバラに、私や私の集団にとって望ましい選択を、と投票する多数決には個別利害の表明以上の意味はありません。仮にそうした利害の表明に一定の意義を認めるにせよ、そのような多数決は、〈私たち〉の社会をよきものにする指針を与えるわけではありません。

この話は、社会のなかでさまざまな「私」や「私の属する特殊な集団」があってはならない、といっているわけではありません。そもそも、さまざまに多様なものが共生するために、社会という大きな〈私たち〉が必要なのです。もちろんそのように大きな〈私たち〉を成立させるのは容易なことではなく、この問題は本書の次章以降、とりわけ第6章「私」でもたびたび扱われます。

回 多数決と憲法

さて、そもそも多数決で決めてよいものとは、どのようなものなのでしょうか。安部公房の短編小説『闖入者《ちんにゅうしゃ》』では、一人暮らしの男のアパートの部屋に、大勢の侵入者たちが押し入ってきます。侵入者たちは「多数決でこの部屋が誰のものかを決めよう」といい、圧倒的な賛成多数でその部屋を乗っ取ります。この多数決を正当なものと認める人はおそらくいないでしょう。また、教室で「みなで誰かをいじめる案」を賛成多数で可決するのは、やはりおかしなことでしょう。こう考えていくと、多数決が人権を侵害しないための防波堤が必要そうです。

そもそも多数決を正しく使うことは容易ではないのでした。そして、多数決で何でも決めてよいというわけではまったくない。となるとあらかじめ多数決で決めてよいことには、制限をかけておいたほうがよさそうです。そうした制度の一例に、憲法による基本的人権の保障があります。国会では多数決で法案の採否を決めますが、そもそも基本的人権を侵害する法律は制定してはならないことになっています。

そうした防波堤がない多数決には何があるかというと、憲法改正の国民投票です。これは防波堤のあり方自体をも変えてしまえるからです。制度の防波堤がないとき、どこに歯止めがありえるかというと、それは人の心のなかだけです。有権者は憲法改正を「私たちの問い」として引き受け、自律して熟慮のうえ投票することが求められる。有権者は投票で何かを試すのではなく、投票に試されるのです。

そしてまた憲法の防波堤は、高い防波堤が津波を防ぐほど自動的には、憲法違反の疑いが強い法律の成立をくい止めることはできません。憲法に限ったことではありませんが、法の条文は、それ自体はただの文章であり、人間がその文章を守ろうとせねば文意は実現しません。

多数決で選ばれた国会議員が、憲法違反の疑いが強い法律を多数決で成立させてしまえば、それを覆すのは困難です。次回の選挙でも、その法律のみが争点となるわけではありません。政治家や政党への間接選挙と、政策への直接選挙が、正反対の結果を導きうるのは、オストロゴルスキーの逆理でみたとおりです。現行の選挙制度だけでは、主権者は意思を表示することも、国会議員に憲法を守らせることも、機会として十分ではありません。次章では、選挙ではない意思表示の方法である「運動」について考えていきます。

〈参考文献〉
安部公房［一九五二］「闖入者」（『水中都市・デンドロカカリヤ』新潮社、一九七三年、所収）
坂井豊貴［二〇一五］『多数決を疑う――社会的選択理論とは何か』岩波書店
坂井豊貴［二〇一六］『「決め方」の経済学――「みんなの意見のまとめ方」を科学する』ダイヤモンド社
D. W. Rae and H. Daudt［1976］"The Ostrogorski Paradox: A Peculiarity of Compound Majority Decision," *European Journal of Political Research*, Vol. 4-4, pp. 391-398.

J. von Neumann [1956] "Probabilistic Logics and the Synthesis of Reliable Organisms from Unreliable Components," in C. E. Shannon and J. McCarthy eds., *Automata Studies*, pp. 43-98, Princeton University Press.

第5章

運動――異議申し立てと正統性

回 安保関連法案と抗議行動

二〇一五年九月一九日の午前二時過ぎ、参議院本会議で、マスメディアなどでは「安全保障関連法案」とよばれていた法案の採決が行われ、賛成一四五、反対九五の賛成多数で可決されました（『官報号外』平成二七年九月一九日）。一方、そのとき国会議事堂の外では、この法案に反対する人々の抗議活動が行われていました。

この法案は、日本の同盟国が攻撃された場合に日本の自衛隊が出動することを可能にす

安保法案に反対する国会前デモ（2015年8月） 朝日新聞社／時事通信フォト

るものでした。法案を提出した政府は、他国の自衛のために協力する「集団的自衛権」の行使は日本国憲法第九条に違反しない、との憲法解釈に基づいて、この法案が日本の平和と安全にプラスの効果をもつと主張しました。国会は選挙によって選ばれた国会議員から構成され、そこでは多数決によって法案の可否が決定されます。このときの国会では、衆議院、参議院ともに法案に賛成する議員が多数を占め、法案は可決されたのです。

一方、法案に反対する人々は、この法案は憲法に違反していると主張しました。また、この法案は、実際にはアメリカの戦争に日本が巻き込まれることになるだけで、日本の平和と安全のためにはマイナスだと批判しました（長谷部編 二〇一五）。そして、政府が提出したこの法案を、政府の与党が支持することは最初からわかっていましたから、国会での多数決が行われれば法案が成立することは明らかでした。そこで、反対派の人々は、国会の外で、デモや抗議集会を行い、法案への反対を訴え、外からの圧力で法案を廃案に追い込もうとしたのです。

安全保障関連法案は、立法手続きにのっとって成立しています。しかし、この法案が成立するのは許せないと考えた人々は、最終的な決定を行うルールとは別の方法で、決定に働きかけ、異議申し立てをしようとしたわけです。

回 民主主義社会における運動

意思決定が、王や貴族のような社会の少数の人に委ねられている社会では、公式の意思決定にかかわることのできない多数の人々は、意思決定に関与しようと思えば何らかの運動を起こす以外に手段はありません。それでは、民主主義社会ではどうでしょうか。

民主主義社会では、人々の意思が決定に反映されることが原則です。しかし、社会を構成する人々の間には多様な考えがありますから、一人ひとりの個人の意思がそのまま社会全体の決定につながるとは限りません。とくに、第4章でみたように、多数決ルールのような決め方では、人々の意思が適切に反映されないことがしばしば起こるため、最終決定と、多くの人たちの考えが大きくくずれてしまうことも起きます。

また、社会のなかには、最初から当事者が少数しか存在しないような事柄が存在します。

たとえば、ある社会のなかで異なった文化や習慣をもつ少数民族の人々や、同性愛者などのセクシュアル・マイノリティ、障がいをもつ人々などに関する問題です。こうした人々の声は、多数決では最終決定に反映されません。たんに数の多少だけではなく、社会において差別されていたり、弱い立場に置かれていたりする人々も、国会に多数の議員を送り込むうえでの困難を抱えています。女性は人口の約半分を占めていますが、現在の日本の国会では、女性議員が占める割合は衆議院で九・五％、参議院で一五・七％にすぎません。

このように考えてみると、民主主義社会においても運動は、人々の意思が決定に反映されるための役割をもつことがわかります。むしろ、「自分たちのことは自分たちで決める」を理念とする民主主義社会でこそ、理念と実際のずれを埋めるために、運動はなくてはならないものであるといえるでしょう。

運動は、公式の意思決定のルートとは別の形で意思決定にかかわろうとする人々の行動ですが、それが公式のものでないからといって、法に違反している（「非合法である」）わけではありません。たとえば、二〇一五年の安保関連法案反対デモは、日本国憲法第二一条による「集会の自由」の保障によって、国民の権利の行使として、法にのっとって行われたものです。もちろん、非合法の運動も存在します。たとえば、アジア・太平洋戦争前・戦争中の日本では、治安維持法によって、天皇制や私有財産の廃止を訴える団体をつくることは禁止されていたため、そうした目標を掲げる日本共産党の運動は非合法運動でした。

回 運動と正統性

さて、人々が運動に立ち上がるのはどのようなときでしょうか。

二〇一五年の安保関連法案反対運動についてもう一度考えてみましょう。反対運動に参加した人々は、第一に、政府が提出した法案は、憲法に違反していると主張し、第二に、この法案は日本の平和を脅かすものだ、と主張しました。こうした訴えが成り立つためには、前提が必要です。それは、憲法は守られなければならないという前提であり、日本の平和は守られなければならない、という前提です。たしかに国会では安保関連法案反対派は過半数を占めていないかもしれないが、こうした前提は、多くの日本国民に共有されるものだと考えたからこそ、反対運動は法案が憲法違反であり平和の脅威である、と人々に訴えかけたわけです。憲法なんて守らなくてもいい、戦争のほうが平和な状態より人間が生き生きしていて結構じゃないか、と考える人を、こうした理屈で説得しようとしても無理でしょう。運動参加者は「憲法は守るべきである」「平和は価値あるものだ」という前提が、運動の内でも外でも、また法案を提出した政府にとっても（仮に建前としてであっても）逆らえない正しい主張である、と考えていたことになります。

つまり、ある運動が起き、とくにそれが一定の広がりや影響力をもつ場合には、運動参加者のあいだで何らかの価値が共有されていること、また運動参加者はそうした価値が、運動が働きかける相手にも共有されていると考えていること、が前提となるのです。こうした前提のことを「正統性」とよぶことにします。第4章でみたような、多数決の暴走への防波堤となる「基本的人権」といった考え方もそうした正統性の一つです。

過去にさかのぼってみましょう。一八世紀のイギリスでは、食料となるパンや麦の価格が上昇すると、パンや麦を購入する貧しい人々が、価格の引き下げを求めて運動を起こすことが頻発し、ときに暴力をふるうこともありました。これらを、歴史研究者は「食料暴動」（food riot）とよんでいます。しかし、その運動は、たんに「腹いっぱい食べたい」という欲求の爆発だけで起きたわけではありません。食料暴動を研究した歴史家のエドワード・P・トムソンは、一八世紀イギリスの人々には、食料には適切な価格というものがあると考えていたと述べています。したがって、それ以上の価格で食料を売ろうとする商人は人々によって不正行為を働いているとみなされ、暴力的な制裁の対象となったのです。そのとき、暴動を起こした人々は、何かを破壊していると考えていたわけではなく、むしろ伝統的な権利や習慣を守っていると考えていました（Thompson 1991）。彼らの運動は、食料は適切な価格で販売されるべきだ、という正統性によって支えられていたのです。

同じようなことは日本の江戸時代についてもいえます。江戸時代の日本では、百姓一揆《ひゃくしょういっき》とよばれる運動が各地で発生しました。これは、農民を中心とした、支配される身分に属する人々が、領主の政策（たとえば年貢の額の引き上げなど）に対して、集団で抗議行動を行うことをさします。この種の運動は、当時の法律上は禁止されており、非合法運動でした。一揆が終息すると、その指導者は領主によって死刑に処せられることも少なくありませんでした。しかし、非合法だからといって、百姓一揆は何の正統性ももっていなかったわけではありません。江戸時代の日本には、領主は、百姓の生活が安定するように配慮する義務がある、という考え方が強くありました。もちろん、領主層は百姓から取り立てる年貢に依存して暮らしているわけで、これは建前といってしまえば建前にすぎません。領主からしてみればそうした考え方を打ち出すことで、領主とは「ありがたいものだ」という印象を百姓たちに与え、服従を引き出すことができます。こうした考え方を、研究者は

「仁政《じんせい》イデオロギー」とよんでいます。

しかし、領主の側でそうした建前が維持できなくなると、今度は百姓たちが、領主は義務をきちんと果たしていない、として領主を批判することになるのです。江戸時代の百姓一揆は、このような、果たすべき義務を果たしていない領主に抗議するという正統性に基づいて、起きたのです（深谷 一九八六）。

回 正統性のゆらぎ

運動が掲げる正統性は、いつでも運動の外の人々の同意を得られるとは限りません。運動が掲げる正統性が、要求する相手にとって共有されていなければ、相手は痛くもかゆくもありません。たとえば「憲法違反だ」と批判しても、批判された側が、「憲法は守らなくてもよい」と公言しているような相手だったら、この批判には効果がありません。そして、社会の多くの人々が「憲法なんか守る必要はない」と考えていれば、運動は広がりをもちません。運動参加者は「憲法は守らなくてはいけないと考えている変わった人々」として扱われ、運動は失敗するでしょう。

このように、正統性の確保に失敗すれば、運動は失敗します。そして、正統性として通用するものは、時代によって変化します。ある時代には通用した正統性が、時代の変化によって通用しなくなる、ということが起きるのです。むしろ、社会が大きく変わり、それまで通用していた正統性がゆらいで、複数の正統性がせめぎあう時期にこそ、運動は社会の正面に出てくるのです。

運動の正統性が失われていく過程の例として、さきにもみた江戸時代の百姓一揆の変容を取りあげてみましょう。江戸時代の百姓一揆の正統性は「仁政イデオロギー」にありました。そのため、一揆を起こす側も、「仁政イデオロギー」の枠内で行動することが必要になります。相手の憲法違反を批判する側が憲法に違反していては説得力がないのと同じことです。具体的には、百姓一揆には一定の作法がありました。それは、武器をもたず、蓑《みの》・笠《かさ》・野良着という農業従事者の服を身に着け、農具をもって行動する、という作法です。これによって、一揆参加者は、自分たちは戦闘者ではなく農民であり、領主によって保護されるべき存在であることを示そうとしていたのです。

ところが、江戸時代の末期、一九世紀の後半になると、こうした作法が崩壊していきます。一揆の側でも、一揆を鎮圧する側でも武器の使用がみられるようになり、蓑・笠のような日常着ではなく、派手な衣装を身に着けた一揆参加者も現れます。そして、領主に対する要求事項が明確ではなく、放火、家屋の破壊、盗みなどを主とする一揆が起こるようになります。百姓一揆の作法が崩壊してしまったのです。このことは、江戸時代の末期になると、「仁政イデオロギー」が、運動を支える正統性とはならなくなってしまったことを示しています（須田 二〇一〇）。

運動がよりどころとする正統性が、運動が働きかけようとした相手に通用しなかった例としては、明治時代の前期の日本で発生した「負債農民騒擾《そうじょう》」をあげることができます。一八八一（明治一四）年、政府の財政政策の転換によって、日本は不況に見舞われます。政府の財政担当者であった松方正義の名をとって「松方デフレ」とよばれる不況期の到来です。その前の好況期には、養蚕業《ようさんぎょう》が盛んであった東日本を中心に、借り入れによって経営規模を拡大しようとした農民が多く存在しました。こうした人々は、一転して到来した不況によって借金が返せなくなり、担保となっていた土地を失ってしまう危機に直面します。そこで農民たちは、債権者である高利貸しや銀行に対して、返済の猶予や、四〇年・五〇年といった長期の年賦返済にすることを求める運動を起こします。これが「負債農民騒擾」です。

借金をしておきながら、それが返せなくなると猶予を求めるというのは、身勝手な主張と考える人もいるかもしれません。しかし、運動の参加者は、この主張には正統性があると考えていました。江戸時代には、農民が土地を失うようなことはできるだけ避けなければならず、そうした農民に対してはできる限りの配慮をしなければならない、という考え方が存在していました。たとえば、地域によっては、借金が返せず、担保となっていた土地がいったん他人のものとなったとしても、その後、元金に相当するお金が準備できたならば、それが何十年後であっても、元の持ち主に土地を返さなければならないといった習慣が存在していました。もっとも、こうした考え方や習慣が存在しているということは、決して江戸時代の農民が心優しい人々で、江戸時代の村が思いやりに満ちた空間だったということではありません。江戸時代の村は村単位で年貢を納める村請制《むらうけせい》のもとにありましたから、土地を失って村から流出していく人が増えてしまうことは、村に残る側にとって、少ない人数で以前と同じ額の年貢を負担しなくてはならないことになり、望ましくない、という事情がありました。ともあれ、土地を失いかけている農民には一定の配慮をしてやってしかるべきだ、という考え方が江戸時代の農村には存在し、その考え方が、明治時代の負債農民騒擾にとっては正統性の根拠となっていたわけです（鶴巻 一九九二）。

ところが、この時代の高利貸しや銀行の側からみると、そうした主張は何の正統性ももっていませんでした。負債農民騒擾が起きた時代には、もはや村請制は存在していません。地租改正によって、土地には個人の所有権が認められ、納税も個人責任になっていました。そうした社会で、借金を抱えた農民が、返済猶予を求めても、債権者には身勝手な主張としか映りません。負債農民騒擾は大きな成果をあげることはできず、いくつかの地域では警察によって鎮圧されて終わりました。

回 正統性のすり替え

ある人々の抱える要求が、社会で通用する正統性とうまく結びつけられないとき、それとは無関係の別の正統性と結びつけられるということも起こります。いわば、口実として使われる正統性です。たとえば、一九〇五年、東京で数万人の人々が、交番や新聞社などを焼き打ちするという暴動が起きました。「日比谷焼き打ち事件」とよばれるこの暴動のきっかけは、日比谷公園で開かれた、日露戦争の講和条約に反対する政治集会でした。この条約で、日本はロシアから賠償金を取ることができませんでした。日本の対外強硬派の政治集団は、この結果をみて、政府の外交が弱腰である、として批判を強め、条約に反対し、戦争継続を訴える集会を、東京の日比谷公園で開いたのです。この集会に集まった人々が、集会主催者の意図とは直接関係なく暴動に向かったのが日比谷焼き打ち事件でした。

暴動に参加した人々と、集会を主催した政治集団の主張が一致していたとは思えません。対外強硬派の人々は、講和条約を破棄して戦争を継続することを主張していましたが、すでに多大な人命の犠牲や経済的負担を強いられていた民衆たちは、これ以上戦争が続くことにはうんざりしていました。

さらにその背景には、都市民衆の日常的な不満がありました。暴動に参加したのは主として若い男性の労働者でした。彼らの雇用は日雇いの不安定なもので、貯蓄をして自分の店や工場をもつことはほぼ不可能でした。一方、当時の日本社会では、勤勉に働き、節約すれば、必ず成功することができる、という価値観が支配的でした（第2章でみた「勤労」という価値観の源流です）。ところが、都市の労働者たちがいくらがんばったとしても、彼らの上昇の可能性はきわめて低いものでした。彼らはそうした支配的な価値観と、自分たちの境遇のギャップに苦しみます。成功することが努力の証である、と信じられている社会では、彼ら下層の人々は、十分に努力していないとみなされてしまい、蔑視されることになります。彼らの感じる疎外感、社会から認められたいという欲求が、政治集団が設定した集会という場を得ることで、暴動として噴き出すことになるのです。二〇世紀初頭の日本では、東京をはじめとする大都市で、このようなメカニズムによって、政治集会をきっかけとする暴動がたびたび発生しました（藤野 二〇一五）。

しかしこれら都市暴動は、よるべき安定した正統性をもつことができませんでした。その時々の政治集会のスローガンは、暴動を起こすきっかけを与えただけで、暴動参加者が望んでいることとは無関係でした。暴動参加者たちは、自分たちの存在を社会に認めさせる正統性を生み出すことができていなかったのです。

回 結びつくことの難しさ

ある時代には正統性をもっていた主張が、別の時代には通用しなくなるということは、時代の変化によって新しい正統性に訴える新しい運動が登場してくるということでもあります。それでは、現代の日本社会において運動はどのような状況に置かれているのでしょうか。

もういちど二〇一五年の安保関連法案反対運動に立ち返ってみましょう。運動のなかで結成され、一六年八月に解散した学生組織ＳＥＡＬＤｓ《シールズ》（自由と民主主義のための学生緊急行動）は、その運動の目的について、「戦後七〇年でつくりあげられてきた、この国の自由と民主主義の伝統を尊重」し、「その基盤である日本国憲法のもつ価値を守りたい」と述べています（ＳＥＡＬＤｓ編 二〇一五）。彼らは、明確に、「自由と民主主義」という、従来から存在する（と彼らが考えている）価値観に訴え、それを「守る」ことを掲げているのです。そうした価値観が共有されるものであるという信念あっての運動だったといえるでしょう。

実際、ＳＥＡＬＤｓに批判される側にあった政府や与党もそうした価値観を真正面から否定することは困難だったでしょう。また、運動が、少なくともこの一〇年から二〇年の東京での街頭行動としては最大規模のものであったことは間違いなく、そのことはこうした価値観が広く共有されており、批判する側も批判される側も同じ土俵の上でその中身を争った、ということはいえそうです。

しかし運動は、その直接の目標であった安保関連法案の成立阻止には失敗しましたし、その後の二〇一六年参議院議員選挙でも、法案反対派が多数を占めることはありませんでした。また、ＳＥＡＬＤｓの運動の、戦後七〇年のあいだに日本が自由と民主主義の伝統をつくりあげてきた、という認識に対して、戦後日本が置き去りにしてきたさまざまな問題、たとえば朝鮮半島をはじめとする東アジアの近隣諸国との間にある問題をみていないといったこと、また、ＳＥＡＬＤｓメンバーの女性観が、「母親は家で料理」といった固定的な性別役割分業観にとらわれている、といった批判がありました。こうした批判が出される背景には、日本国内でのエスニック・マイノリティの権利を擁護するための運動、法的には解決済みとされた中国・朝鮮半島の労働者・慰安婦への補償を求める運動、女性の置かれている状況に異議を申し立てるフェミニズムの運動といった個別の運動の蓄積が存在しています。そうした多岐にわたる運動を、一つの正統性のもとにまとめることは困難です。ある一つの目標を追求する運動のあり方が、別の目標を追求する運動からみると正統性を欠くようにみえる、ということが起きているのです。

どうやら、現代日本の運動もまた、正統性のゆらぎのなかに置かれているといえそうです。そもそも運動を起こすためには、一人ひとりの個人が結びついて〈私たち〉としてまとまることが必要です。その結びつきの軸になるのが正統性ということになるわけですが、その軸は多様化しており、単一の〈私たち〉を立ち上げることはできなくなっているのです。それは、一面で、多様な価値観の共存を許す社会に近づいている、ということを意味してもいます。一人ひとりの〈私〉の利害や価値観のすりあわせのなかで、小さな、しかし多様な〈私たち〉が認められるようになることはとても大切な変化です。しかし、その小さな、多様な〈私たち〉が複雑に絡み合い、対立する社会で、どのように異議申し立ての声をあげていくのがよいのか、さらには、どうすれば「社会」というより大きな〈私たち〉が可能になるのかという問いが難問として残ることになります。この問題を次の章、そして第Ⅲ部、第Ⅳ部を通じて考えていきたいと思います。

〈参考文献〉

SEALDs編［二〇一五］『民主主義ってこれだ！』大月書店
須田努［二〇一〇］『幕末の世直し――万人の戦争状態』吉川弘文館
鶴巻孝雄［一九九二］『近代化と伝統的民衆世界――転換期の民衆運動とその思想』東京大学出版会
長谷部恭男編［二〇一五］『検証・安保法案――どこが憲法違反か』有斐閣
深谷克己［一九八六］『増補改訂版　百姓一揆の歴史的構造』校倉書房
藤野裕子［二〇一五］『都市と暴動の民衆史――東京・1905―1923年』有志舎
E. P. Thompson［1991］*Customs in Common: Studies in Traditional Popular Culture*, Merlin Press.

第6章

私——自分の声が社会に届かない

回 一八歳選挙権とSEALDs

二〇一五年には若者と政治を考えるうえで象徴的な出来事が二つありました。

一つは、選挙権年齢を二〇歳以上から一八歳以上に引き下げる改正公職選挙法が成立したことです。この改正により、一八歳と一九歳に新たに選挙権が与えられました。もちろん現在の人口構成からすれば、両者合わせても人口で約二四〇万人、有権者における割合で約二％ですから、この改正で有権者のあり方が大きく変わったとはいえません。それでも日本で参政権の拡大がみられたのは、実に敗戦直後の一九四五年以来のことです。若者の声を政治に反映させるというねらいは明らかでしょう。

もう一つの出来事は、安保関連法案に反対する学生団体であるSEALDs《シールズ》（自由と民主主義のための学生緊急行動）の活動です。台湾における「ひまわり革命」、香港における「雨傘運動」など、近年、東アジア各地で若者による政治運動が活発化しています。日本ではどうか、と思われていたところに登場したのがSEALDsです。この運動は、直接的には憲法や安全保障問題に関するものでしたが、就職難、さらには働いても働いても報われることのない現代社会の行き詰まりに対して（第2章「勤労」の章を参照してください）、若者が自分たちの置かれた社会状況に対する不安や懸念を主張したことは重要な出来事でした。

ただし、この二つの出来事は、翌二〇一六年に早くもその意義が問われることになります。七月の参議院選挙では一八歳・一九歳の投票率は四六・七八%と、全体の平均を下回りました。もちろん、二〇代よりは高い投票率であり、とくに一八歳が五〇%を上回ったことは強調しておく必要があります。とはいえ、せっかく与えられた投票権を積極的に行使しようとしなかった人が多数みられたのも事実です。

ＳＥＡＬＤｓについても、二〇一六年八月をもって、その活動に終止符を打つことになりました。学業やアルバイト、就職活動などに時間を費やさなければならない学生主体の活動である以上、運動を永続化するのではなく、いったん区切りをつけたことは無理もない選択だったでしょう。とはいえ、この運動がどれだけの意味をもったのかを総括し、若者の政治運動の今後を展望するという課題は残されました。

第Ⅱ部ではここまで「多数決」と「運動」について考えてきました。ある意味で、現代の日本の若者は、数のうえで競ってもより年長の世代とは勝負にならず、直接的な運動を行うにしてもその効果や持続性が問われているといえるでしょう。その根底にあるのは、若者の声をどのようにして政治に届けるかという課題です。

回 〈私たち〉問題

あるいは現在の日本の若者の間には無力感が支配しているのかもしれません。自分たちには力がない。何をしても現状が変わるわけではない。投票に行ったり、直接的な政治運動にかかわったりしてもムダではないか。そんな思いが広まっているとすれば、深刻な事態といわざるをえません。

実際、財団法人明るい選挙推進協会による「若い有権者の意識調査（第三回）」（二〇一〇年一月）によれば、「自分には政府のすることを左右する力はない」という問いに対して、「そう思う」と「どちらかといえばそう思う」と答えた人の割合は、六九・四％に達しました。「自分の力で政治を動かすことができる」という感覚を政治的有効性感覚とよびますが、若者の政治的有効性感覚がきわめて低いことがわかります。

しかも、有権者全体においては、年齢が上がるにつれて政治的有効性の感覚が高まる傾向があるのに対し、若者調査の場合、年齢が上がるにつれてむしろ低下していることが指摘されています。言い換えれば、歳を経るごとに、自らの無力さの感覚が強まっているということになります。二〇一六年の参院選でも、一八歳・一九歳の投票率が二〇代を上回り、一八歳と一九歳では、一八歳の投票率のほうが高い数字を示しました。

このような事態は民主主義にとっての危機といえます。というのも、民主主義とは、自分たちの問題を、自分たちの力で解決していく営みだからです。もし現代の若者が、自らの政治的有効性の感覚を失いつつあるとすれば、そこには「自分たちの力」に対する深刻な疑念や不安があることを意味します。

ここにあるのは、〈私〉と〈私たち〉の関係の問題ではないでしょうか。

〈私〉の問題は、〈私〉が決めればいいはずです。しかしながら、世の中には、自分一人の力ではどうにもならない問題がたくさんあります。そのような問題については、多くの人が力を合わせて、協力して解決していく必要があります。その意味では、〈私たち〉の問題を、〈私たち〉の力で解決していくのが民主主義です。ところがいまや、若者は自らの生活に不安や不満を抱えていても、ともに問題を解決するための〈私たち〉をみつけられずにいます。

たとえば、若者の雇用問題一つをとっても解決は容易でありません。非正規労働の拡大にせよブラック企業の出現にせよ、一人ひとりの若者の手で解決できる問題ではありません。かといって、若者が団結しようと思っても、それぞれの置かれた状況はさまざまです。むしろ、少しでも有利な就職先をみつけるためには、他人を出し抜いてでも自分の就活に専念するほうがいいのかもしれません。団結すべき〈私たち〉の不在――現在の日本の民主主義の最も脆弱な部分がそこにありそうです。

回 社会問題の個人化

現代においてしばしば語られるのが「社会問題の個人化」です。伝統的な社会には、地域や身分ごとに相互扶助の仕組みがありました。病気や怪我で仕事をできなくなった場合にどうするか。親を失った子どもたちをどのように育てていくか。決して十分とはいえないものの、それなりの仕組みが社会的に存在しました。もちろん、伝統的な相互扶助には独自の規制や拘束がともない、そのような規制や拘束を逸脱する個人は、保護の対象外になったことはいうまでもありません。

近代になって、このような伝統的な仕組みは解体していきます。そして第9章「ニーズ」で詳しく述べるように、伝統的な相互扶助に代わって国家が教育や社会保障の制度を通じて、人々をさまざまなリスクから守ることに乗り出します。このことは個人を伝統的な社会的結びつきから解放し、自らの意志で職業を選択することを可能にしました。伝統的な家族関係、近隣との結びつき、身分や階級の枠を超えて、一人の人間が個人として生きていくことを可能にしたのが、福祉国家、あるいは近代国家一般の大きな役割でした。

とはいえ、このことは個人に独特なプレッシャーを与えることにつながります。たとえば教育です。現在では、人は親や自らの階層を基準とするのではなく、学校教育制度を通じて自分の運命を決定することになりました。「リスク社会論」で知られるドイツの社会学者のウルリッヒ・ベックは、教育の達成が試験という「個人化された針の穴」を通じてのみ測られるようになったことを強調しています（Beck 1986）。

結果として、個人はますます自己をみつめる必要が大きくなっています。リスクとチャンスに満ちた労働市場で、個人は自らのライフコースと運命を決定しなければなりません。受験の失敗や失業といった問題は、あたかも個人の人生史（パーソナル・ヒストリー）の問題としてクローズアップされます。

いうまでもなく、進学率や失業率は社会によって大きな影響を受けています。その上昇や下降は、一人ひとりの個人の努力というよりは、社会における多様な要因の複合的な所産として決定されます。ところが、個人にとってみれば、そのような結果は、純粋に個人の成功・失敗の問題のようにみえるのです。

かつてであれば、失業は、その個人の年齢や学歴、性別や居住地域によってある程度説明することができました。たとえば「ある年齢のある学歴層に顕著に多くの失業者が出ている」ということも可能でした。これに対し、現在では問題が複雑さを増しています。所属する集団や階層のみならず、その人の職歴や家族関係、心理面での個人史などを考慮に入れないと、ある人がなぜ失業状態におちいったか、具体的には説明できないことが多いのです。

親子関係のトラブル、受験の失敗、離婚、メンタル面の問題……これらはあたかもその個人に特有の事柄にみえます。統計的にいえば一定の社会的属性を有する人々が失業という共通のリスクにさらされているとしても、一人ひとりにとっては自分だけの問題にみえるのです。このことをフランスの社会学者ピエール・ロザンヴァロンは「集団・階層」から「個別の状況や個人史」への「社会学的革命」とよんでいます（Rosanvallon 1995）。

この「社会学的革命」により、社会問題はあたかも個人化しているようにみえるようになりました。本来、社会的な背景をもっており、個人にすべて帰責できない事柄までが、個人の問題のように現れたのです。

逆に、かつてであれば、社会問題を解決するにあたって、同じ境遇にある労働者の団結をめざす労働運動も可能でしたが、今日では労働者といってもおよそ一枚岩ではありません。社会問題の個人化が進むことで、問題解決は難しくなるばかりです。

この「社会問題の個人化」こそが、〈私たち〉の問題を、〈私たち〉の力で解決する民主主義を困難にしているように思えてなりません。

回「個人主義」の思想史

次に、一人ひとりのかけがえのない〈私〉という発想をめぐって、思想史的に振り返ってみたいと思います。ここでは「個人主義」という概念に着目してみましょう。というのも、「利己主義」(egoism) という言葉の歴史がきわめて古いのに対し、「個人主義」(individualism) という言葉ははるかに新しく登場したものであり、いわば〈私〉意識の台頭と密接に結びついていると考えられるからです。

一九世紀フランスの政治思想家アレクシ・ド・トクヴィルは、自分の利益を強調し、他人を押しのけてもその実現を図ることを「利己主義」とよぶとするならば、その起源は人類の歴史と同じくらい古いと指摘します。それと比べるならば「個人主義」ははるかに新しい現象だと彼はいうのです (Tocqueville 1992)。

実際、「個人主義」という言葉が使われるようになったのは、フランス革命を経た一九世紀になってからのことです。現在からするとやや意外ですが、最初にこの言葉を使ったのはフランス革命に反発する勢力でした。しかも、その含意は否定的なものでした。すなわち、個人の抽象的な「人権」という理念に基づく革命は、むしろ社会の解体をもたらす危険があるということを警告する文脈で、この言葉は登場したのです。

トクヴィルにしても、個人主義について微妙な評価を与えています。すなわち個人主義とは、各個人が自分の頭で物事を判断したいと思うようになることをさし、それ自体は積極的に評価されるべき発想です。しかしながら、この個人主義は同時に、個人を自分の世界に引きこもらせ、他者との関係を希薄化させる傾向をもつとトクヴィルは主張するのです。

伝統的な社会では、人と人とは血縁や地縁、職業的な関係により、否応なく結びつけられていました。これに対し、社会が平等化されるにつれ、人と人との結びつきは自明のものではなくなります。個人が自覚的に他者との関係を構築しようとしなければ（あるいは、それに失敗すれば）、孤独におちいらざるをえなくなります。

伝統的な社会が伝統のしがらみに満ちていたとすれば、平等化した社会は孤立のリスクに満ちています。このようなトクヴィルの「個人主義」の用法は興味深いものでしたが、その後のこの言葉の用法においては必ずしも主流になりませんでした。

一九世紀半ば以降の展開において、「個人主義」という言葉はむしろ肯定的な意味で用いられるようになります。主体的な個人の選択や個性の尊重、自律的な個人の活動をさして、この言葉は使用されました。国によって力点に違いがありますが、いち早く産業革命の進んだイギリスでは、個人の自由な経済活動を国家が干渉しないことを重視する「小さな政府」という概念とセットで「個人主義」が強調されました。

これに対し、哲学や文学の盛んだったドイツではむしろ、個人の多様な個性を強調する傾向が強く、「個人主義」はしばしば個人のかけがえのない「個性」を意味するものとして用いられました。さらに、広大な西部の開拓地をもったアメリカでは、他人の力を借りることなく、すべてを独力で成し遂げられる「セルフ・メイド・マン」(self-made man) の理念がうたわれ、「個人主義」の概念と結びつきました。

これら各国での用例が示すように、「個人主義」の含意は多様でしたが、いずれにせよ、肯定的な意味合いで用いられるようになったのが、一九世紀半ば以降の傾向といえるでしょう。しかしながら、二〇世紀以降、この概念の指し示す内容はしだいに変化していきます。

◎「個人主義」の現代的展開

そのような変化の兆しとなったのが、ドイツ出身の社会心理学者エーリッヒ・フロムによる『自由からの逃走』（Fromm 1941）です。なぜドイツ人はナチズムを支持したのでしょうか。ナチスが強制によって人々から自由を奪ったという理解が一般的であった時代にあって、フロムはむしろ、人々が自らの自由の負担に耐えられなかったのだ、という独自の視点を提示しました。

個人が自由であるためには、そのための責任や孤独を引き受けなければなりません。他人に流されるのではなく、自分一人で物事を判断し、その結果を引き受ける覚悟が必要だからです。しかしながら、多くの人間にとって、これはあまりに重い負担です。ワイマール憲法によりいち早く普通選挙権の確立したドイツですが、肝心のドイツ国民はそのような自由から逃げ出したくなり、自由をむしろ負担として捉えたのではないか。フロムはそのような解釈を示したのです。

とはいえ、フロムにとって、個人の自由はあくまで尊重すべき、重要な価値でした。それを担うのが大変だとしても、担うに値するプラスの価値をもつということは、当然の前提だったのです。

これに対し、二一世紀の今日、個人主義に対する評価がますます両義的になっています。すでに言及したベックは、「社会的不平等の個人化」を指摘し、今日においてさまざまな不平等が個人を狙い撃ちしていることを強調しています。

「(リスク) は差し当りしばしば通りすがりの者の密やかな足音とともに人生に忍び込み、行ったり来たりを繰り返して、いつの間にかそこに住み着き、それから何とかなるはずなのにダメだったという重苦しい気分とともに人間の心の奥に巣を作るのである」(ベック 一九九八、一七八頁)

同じくフランスの社会学者であるロベール・カステルは「負の個人主義」について語っています (Castel 1995)。長期失業者たちが、たんに収入を得られないだけでなく、あらゆる関係性を失い、社会的に排除されることをさして、カステルは「負の個人主義」とよびます。それは無力であること、脆弱であることと同義であり、「個人」とはむしろ純粋な欠如を意味するというのです。

ある意味でいえば、「個人主義」という言葉の用法が、トクヴィルの時代にさかのぼったようにも思えます。トクヴィルは個人が他者との結びつきを失い、自分とその身の回りの狭い世界に閉じ込められてしまうことを「個人主義」とよびました。二一世紀の今日、人々はあたかも再び否定的な意味での「個人主義」の時代にいるようにも思えます。

回〈私たち〉の民主主義は可能か

このような状況にあって、はたして〈私たち〉の民主主義は可能なのでしょうか。一見したところ一人ひとりの個人にとっての問題であるようにみえても、実は多くの人々に共有される問題というものは数多く存在します。しかしながら、そのように問題を共有し、ともに解決していくはずの〈私たち〉の姿はなかなかみえてきません。

現代に求められているのは、一人ひとりの個人に「閉じ込められた」社会問題を、まずは目にみえるものとすることでしょう。そのうえで、そのような問題をともに議論していく「場」（フォーラム）や「プラットフォーム」を作りあげていくことが求められます。

そのような「場」や「プラットフォーム」とは必ずしも地理的な場所とは限りません。「一般意志2・0」を説く批評家の東浩紀《あずまひろき》は、ネット空間に蓄積された無数のデータや人々の「つぶやき」のなかに、現代的な「民意」を見出そうとしています（東 二〇一一）。

そもそも「一般意志」とは、一八世紀フランスの思想家ジャン＝ジャック・ルソーが提唱した概念です。一人ひとりが個別の意志をもつとすれば、政治社会もまた一つの共通意志をもつべきではないか。平等な立場で政治社会に参加する諸個人の意志が真に一つにまとまったとき、そのような一般意志に基づいて立法を行うことがはじめて可能になると、ルソーは説きました（Rousseau 1964）。

とはいえ、そのような一般意志がいったいどこにあるのでしょうか。それをどのように明らかにすればいいのでしょうか。ルソーの問題提起をめぐって長い間論争が交わされてきました。これに対し、インターネットの発展によって、ようやく社会の一般意志の可視化が実現したと東は主張したのです。

現代の政治制度を前提にするならば、選挙こそが、一人ひとりの国民がその意志を表明する機会とされます。しかしながら、この「機会」なるものが、決して使い勝手のいいものではないことは、この部においてもすでにみてきたとおりです。多数決のあり方の再検討から始まって、デモや住民投票、ＩＴを活用した「オープン・ガバメント」に至るまで、現代的な運動による、新たな直接民主主義の可能性が拡大しています。

〈私たち〉の問題を〈私たち〉の力で解決するという民主主義の原義を、いまいちど振り返る必要が高まっているのです。

〈参考文献〉

東浩紀［二〇一一］『一般意志2・0――ルソー、フロイト、グーグル』講談社

宇野重規［二〇一〇］『〈私〉時代のデモクラシー』岩波書店

U. Beck [1986] *Risikogesellschaft: Auf dem Weg in eine andere Moderne*, Suhrkamp.（ウルリヒ・ベック〔東廉・伊藤美登里訳〕）［一九九八］『危険社会――新しい近代への道』法政大学出版局）

R. Castel [1995] *Les métamorphoses de la question sociale: une chronique du salariat*, Fayard.（ロベール・カステル〔前川真行訳〕［二〇一二］『社会問題の変容――賃金労働の年代記』ナカニシヤ出版）

E. Fromm [1941] *Escape from Freedom*, Farrar & Rinehart.（エーリッヒ・フロム〔日高六郎訳〕［一九六五］『自由からの逃走』東京創元社）

A. de Tocqueville [1992] *Œuvres d'Alexis de Tocqueville, II, De la démocratie en Amérique, 2 (1840)*, Gallimard.（アレクシス・ド・トクヴィル〔松本礼二訳〕［二〇〇八］『アメリカのデモクラシー』第二巻（上）（下）岩波文庫）

P. Rosanvallon [1995] *La nouvelle question sociale: repenser l'État-providence*, Seuil.（ピエール・ロザンヴァロン〔北垣徹訳〕［二〇〇六］『連帯の新たなる哲学――福祉国家再考』勁草書房）

J.-J. Rousseau [1964] *OEuvres complètes III, Du contrat social / Écrit politiques*, Bibliothèque de la Pléiade, Gallimard.（ジャン＝ジャック・ルソー〔桑原武夫・前川貞次郎訳〕［一九五四］『社会契約論』岩波書店）

第Ⅲ部　社会を支えるもの

社会で〈私たち〉という意識が成立するためには、**公正**（第7章）の観念が重要な役割を果たします。また、さまざまな公正の基準が、それぞれの立場により採用され、他者の論難に用いられもします。このことは、社会の土台にある人間と人間の**信頼**を傷つけますし、実際日本社会ではこの問題が起きています（第8章）。こうした公正と信頼の行き詰まりを打破するうえで、人間の差異ではなく共通点を重視しながら、普遍的な**ニーズ**を満たしていく戦略が有効です（第9章）。

第7章

公正——等しく扱われること

回 古代バビロニアのユダヤの教え

『バビロニアン・タルムード』とは、紀元一世紀から五世紀あたりのユダヤの信仰や俗世の法や教義を集めた書物です。これは人々が物をどう分けるべきかという分配の取り決めをいくつか含んでおり、そこでは次のような状況が例示されています。

一枚の長い布があり、二人の男がその所有をめぐり争っている。男の一方は「すべて自分のものだ」と、もう一方は「半分は自分のものだ」と主張している。

二人の主張には尊重されるべき相応の理由があるとしましょう。また、布は切り分けられるものとします。では布を二人にどう分ければよいのでしょうか。

タルムードによると、これは「すべて自分のものだ」という男に布の4分の3を、「半分は自分のものだ」という男に布の4分の1を与えるべきだそうです。この分配はなかなか不思議ではありませんか。誰かにすべて与えるのではなく、両者に半々に分けるのでもなく、また要求の比率、1対0.5＝2対1から比例的に布を3分の2と3分の1に分けるというものでもない。なぜ4分の3と4分の1に分けるのでしょう。

残念ながらタルムードには、なぜそのような分配にすべきなのか、その理屈までは書いてありません。とはいえタルムードは叡智《えいち》を詰め込まれた書物のはずであり、この分配にも何かしらの妥当な理屈があるはずです。中世のユダヤ教指導者ラビのひとり、イブン・エズラは、その理屈を次のように説明しています（O'Neill 1982）。

二人の男に名前があったほうが説明しやすいので、これからは「すべて自分のものだ」という男をロバート、「半分は自分のものだ」という男をミシェルとよぶことにします。

そして布の長さを12だとすると、ロバートは12を、ミシェルは6を要求しています。ただしこれらの数字はこれからの計算を簡単にするため選んだもので、布の長さに対するロバートの要求の比率が1で、ミシェルの要求が2分の1であれば、他の数字でも構いません。タルムードの解き方によると、布の長さを12とすると、ロバートは4分の3の割合である9を、ミシェルは4分の1の割合である3を獲得することになります。なぜそのような数になるのでしょう。

ロバートとミシェルに共通するのは何かというと、布の半分である6を要求していることです。これについてはロバートもミシェルも等しいので、この「6」については両者に等しく分けます。つまりロバートは3を、ミシェルも3を獲得します。

布の残りは12−(3＋3)＝6です。この残りの6を要求しているのはロバートだけで、これはミシェルと異なるところ。よってロバートにそれをすべて与え、ロバートは合計6＋3＝9を獲得します。

◎ 等しいものを等しく

古代ギリシャの哲学者アリストテレスは、いまでいう物理学や政治学をはじめ、さまざまな学問を「フィロソフィア」として考察しましたが、そのなかには分配の公正も含まれていました。公正を考えるときアリストテレスが中心に置いた概念は「等しさ」でした。次の一文は彼の考えをよく表しています。

そもそも互いに等しい人々がそれぞれ等しくないものを、あるいは互いに等しくない人々がそれぞれ等しいものを受け取ったり、配分されたりするとき、ここから争いや不満が生じるのである。（アリストテレス 二〇〇二、第五巻第三章）

この文章からは、アリストテレスが分配の公正に求める原則が二つ読みとれます。それらを整理して述べると次のようになるでしょう。

[第一原則] 等しいものは、等しく取り扱われるべきである
[第二原則] 等しくないものは、等しくなく取り扱われるべきである

アリストテレスはこのように原則として述べたわけではありません。しかし彼のこうし

た公正観は現代にも引き継がれており、公正をめぐる議論においては、これら二つの原則がよく参照されます。

では具体的にはどんな分け方ならこれらの基準を満たせるのか。アリストテレス自身は比例的な分配こそが公正だと考えていました。

ここで布を分配するタルムードの問題に戻り、比例分配を考えてみましょう。布の長さを12とすると、ロバートは12を、ミシェルは6を要求しています。両者の要求はいずれも正当なものですが、布の長さが足りません。要求の比率は12対6＝8対4ですから、要求に対して布を比例的に分配するなら、ロバートは8を、ミシェルは4を得ることになります。

いかなる意味で比例分配は二つの原則を満たすのでしょう。比例分配においては、ロバートとミシェルが要求するすべての「一単位」が等しく扱われます。すべての一単位の要求に対して、布の長さ12を総要求量18＝12＋6で割った「3分の2」が与えられる。ロバートの要求は12なので、これに3分の2を掛けた8が与えられます。ミシェルの要求は6なので、これに3分の2を掛けた4が与えられます。等しくない要求をもつロバートとミシェルには、等しくない長さの布が与えられており、この意味で第二原則は満たされています。

さてタルムードは、ロバートに9を、ミシェルに3を与えよというのですから、アリストテレスの推奨する比例分配とは異なっています。ではタルムードの分配は、公正ではないのでしょうか。ところがそうともいえません。比例分配とは別の意味で二つの原則は満たされているのです。両原則を意識したうえで、あらためてタルムードの分配をみてみましょう。

ロバートとミシェルは「布の半分である6を要求している」ことについては等しい。よって第一原則より、この6を等しく分けて、ロバートとミシェルはともに3を手にします。しかし布の残りである12－(3＋3)＝6を要求しているのはロバートだけです。これについてロバートはミシェルと等しくない。よって第二原則より、ロバートはそれを手にします。この結果ロバートは合計6＋3＝9を手にします。

比例分配とタルムード分配の違いは、何をもって等しいとするかの違いに帰着されます。この例に端的にみられるように、公正の議論は、何をもって等しいとするかの妥当性をめぐる議論となります。

回 公正な票数

話を分配から投票に移してみましょう。投票といっても、政治家を選出する選挙と、株式会社の重要事項を決める株主総会では、何をもって等しいかが異なります。

日本では、一八歳以上のすべての国民は等しく「一人一票」の選挙権をもちます。性別や納税額により選挙権がもてなくなったり、票数が増減したりはしません。しかし女性が選挙権をもてるようになったのは第二次世界大戦後の一九四五年のことで、納税額にかかわらず（二五歳以上の）男性すべてが選挙権をもてるようになったのは大正デモクラシーの普通選挙運動を経た一九二五年のことです。

現在、日本国憲法の第一四条一項には「すべて国民は、法の下に平等であつて、人種、信条、性別、社会的身分又は門地により、政治的、経済的又は社会的関係において、差別されない」とあります。性別や納税額により選挙権を制限することは、この条項に違反すると考えられています。法の下の平等という等しさが、「一人一票」を求めるからです。

一方で、株主総会の議決は「一人一票」ではなく、「一株一票」で行われます。株主は、株式会社の出資者ですが、その出資額をもって等しさが測られるわけです。等しい株数を所有する株主たちは、等しい票数をもちますが、等しくない株数を所有する株主たちは、等しくない票数をもちます。そしてこれには、また別の「等しさ」をみてとることもできます。

たとえば発行株式の総数が五だとしましょう。このとき次の二つの状況を比べてみてください。

［状況1］ Aが三株、Bが二株もつ
［状況2］ Aが三株、Bが一株、B′が一株もつ

状況1のBが、自分のもつ一株を、子分のB′にもたせると、状況2になります。もし、ここで株主総会の議決を「一人一票」で行うならどうなるでしょう。状況1でAとBは一票ずつで拮抗していますが、状況2ではBとB′による「チームB」が二票となり一票のAを打ち負かせます。

しかしBがどのように株を保有するかということで、Aの票の重さが変わってしまうのは好ましくない。状況1のAと、状況2のAは、等しく取り扱われるべきだ。そう考える

ならば「一人一票」の制度は、状況1のAと状況2のAを等しく扱わないので、不公正な制度ということになります。その一方で、「一株一票」にすると、状況1のAと、状況2のAを、等しく扱えます。この等しさの観点からは、株主は株数に比例して票をもつのが公正です（Ju, Miyagawa and Sakai 2007）。

回 公正な課税

古代ローマ帝国は属州民の収入に対して、防衛費として一律一〇％の比例税をかけていました。比例税はきわめてシンプルな課税ですが、これが等しく扱おうとするのは、すべての収入一単位たちです。つまり収入「一」は、つねに税金「〇・一」と等しく対応されます。たとえば二〇〇〇の収入がある裕福な人は、税金を二〇〇支払います。収入が三〇〇しかない貧しい人は、税金を三〇支払います。

しかし裕福な人にとって二〇〇の支払いは暮らしへの影響が少ない一方、貧しい人にとっての三〇は影響が大きいかもしれません。そして、課税による収入減少が暮らしに与えるマイナスの影響を等しくすべきと考えるならば、たとえば裕福な人からは税金を二二五取り、貧しい人からは五しか取らない、といった累進性のある課税のほうが好ましいということになります。

ここで等しく扱われているのは、課税による収入減少からの痛みを引き受ける主体としての納税者です。これを均等犠牲（equal sacrifice）といいますが、この観点からは、収入が高くなるほど高い税率を課していく累進課税のほうが、不効用を等しくするので、比例税より公正です。均等犠牲の考え方は少なくとも一九世紀イギリスの思想家ジョン・スチュアート・ミルにさかのぼり、課税による不効用の総和を最少化しようという功利主義の発想に基づきます。

すべての収入一単位を等しく扱うなら比例税、すべての不効用一単位を等しく扱うなら累進課税、そしてすべての一人の生存という事実のみを等しく扱うなら一律に等しい額の税金を取る人頭税が、第一原則からは肯定されます。

しかし人頭税は、各人の担税能力をまったく無視して、等しい金額の担税を求めます。担税能力という、課税においては重要であろう事項をすべて無視するのは、等しくないものを、あまりに等しく扱っている。この意味で人頭税は公正の第二原則に違反します。

人頭税の例を二つあげておきましょう。一六三七年に、薩摩藩に支配され財政に困窮していた琉球王国は、支配下の宮古島と八重山諸島に人頭税を課しました。これは長いあいだ、明治時代になっても続き、農民は明治政府に反対運動を起こします。これは宮古島島民の代表らによる一八九四年での国会での請願につながり、一九〇三年に人頭税は廃止されました。

また、一九九〇年にイギリスのサッチャー政権は、資産に応じて納税額が変わる固定資産税を廃止し、地域で一律の人頭税を導入しましたが、これは国民の猛反発を招きました。このときロンドン市内のトラファルガー広場では一〇万人規模の反対集会や、それに伴う暴動といった、大規模な反対運動が起こり、多数の負傷者や三四一人の逮捕者が出ました。結局サッチャーの人気は急落して政権は退陣、人頭税は廃止に至りました。

回 公正に扱われたいという感情

自分になされた行為が、自分に不利益だからという理由だけではなく、不公正だからという理由で「ノー」をいうのは人間社会にしばしば観察されることです。サッチャーに抗するトラファルガー広場の逮捕者のように、こうした「ノー」はそれ自体は、ときに自分に不利益をもたらすにもかかわらずです。

人々の行動が互いに影響を与えあう状況を分析する学問であるゲーム理論に、「最後通牒ゲーム」（ultimatum game）というものがあります。そこでは不利益を被ってもなお不公正を拒否しうる状況が扱われます。

最後通牒ゲームには二人の個人、提案者と応答者がいます。提案者は0から10まで、何かしらの金額S（0≦S≦10）を選択して、それを「応答者の取り分」として提案します。応答者は「受諾」と「拒否」のいずれかを選択します。もし応答者が提案を受諾したら、応答者は利益Sを、提案者は利益10－Sを獲得します。もし応答者が提案を拒否したら、応答者も提案者も、利益はゼロになります。

もし応答者が自分の利益のみに関心があるなら、1以上のどのようなSであっても提案を受諾するはずです。もしS＝0なら受諾でも拒否でも利益はゼロですが、1以上ならプラスの利益が得られる。提案者がそのように予想し、かつ自分の利益のみに関心があるならば、0や1を提案するはずです。

では提案者は0や1を提案するでしょうか。応答者はそれを受諾するのでしょうか。

実際に被験者を集めて、特定の状況を模した実験室で、人間の行動を分析する手法に、経済実験というものがあります。経済実験では、被験者は自分や他のプレイヤーが取った行動に応じて、金銭報酬を獲得します。

最後通牒ゲームの経済実験では、集まった被験者に、ランダムに提案者と応答者の役割を与え、最後通牒ゲームをプレイしてもらい、提案者は10－S、応答者はSにあたる金銭報酬を獲得します。

最後通牒ゲームを経済実験した研究は多くあり、主要研究の結果をまとめると、提案者が2より低いSを提案する割合は4％未満で、これはほとんど応答者に拒否されます。そしておよそ7割の実験で、提案者はSを4から5までの値とし、応答者はそれを受諾します（Fehr and Schmidt 1999）。

実験室に集められた被験者たちは、その時点では「等しい者たち」です。しかしランダムに提案者と応答者の立場が与えられ、最後通牒ゲームをプレイします。そこで応答者は、自分が等しくない利益を与えられることに対して、明確な拒否反応を示すというわけです。

人間の体内には、落ち着きや安定をもたらすセロトニンという物質が存在します。セロトニンのレベルが低いと、衝動的になったり、鬱になりやすくなります。ではどのような応答者が、低い額の提案を拒否するのかというと、血小板で調べたセロトニンのレベルが少ない人であった、という調査結果があります（Emanuelea et al. 2008）。

低い額の提案でも受諾する応答者は、自分の利益をきちんと獲得するという意味で、合理的ではありません。そしてもし提案者が、応答者はそのように合理的な人ばかりだと予想するなら、低い額しか提案しないはずです。そして現実には応答者はそのように「合理的」ではなく、それを予期する提案者は、高い額の提案をします。

それにより、低い額の提案でも受諾してしまうセロトニンレベルの高い応答者であっても、提案者にはそれがわからないので高い額の提案をしてもらえる。いうなれば、セロトニンレベルが低い人――幸福感は低いと考えられます――がいるおかげで、セロトニンレベルの高い人が利益を得られるわけです。

公正の感覚のもち方は、社会のあり方にも大きな影響を与えます。

他者とのかかわりのなかで自分が不公正に扱われることを嫌がり、対等に扱われたいと欲する自尊の心理は、人間が自然にもつものです。そしてこの心理は、他者が自分を対等に扱ってくれるのならば、自分も他者を対等に扱おうという感情につながります。ただしそうつながるためには自尊の心理に節度が必要です。節度がなく暴走すると、自分だけを尊重せよ、自分は他者を尊重しないという感情になってしまうからです。

人々が節度をもち、互いを対等に扱おう、互いに必要とするものを尊重しあおうという感情は、人々が共生する社会の礎となります。一八世紀の思想家ジャン＝ジャック・ルソーは、多様な個人たちが約束により一つの社会を形成する「社会契約論」を構想しました。ルソーのアイデアを援用して二〇世紀に「正義論」を打ち立てた政治哲学者ジョン・ロールズは、ルソーの社会契約が可能となるためには、そうした節度の存在が必要だと指摘します（Rawls 2008）。

節度がきかないならば、相互尊重ではなく、自分だけを優遇せよとなるから、人々が互いに必要とするものを支え合う社会はつくれません。このことは、私たちがルソーの構想どおりの社会や社会契約をめざすのではなくとも、人々の心と社会の姿との関係をとらえるうえで重要な視座を与えてくれます。次章では社会における人々の信頼感を考えていきます。

〈参考文献〉

アリストテレス（朴一功訳）［二〇〇二］『ニコマコス倫理学』京都大学学術出版会
R. J. Aumann and M. Maschler［1985］"Game Theoretic Analysis of a Bankruptcy Problem from the Talmud," *Journal of Economic Theory*, Vol. 36-2, pp. 195-213.
E. Fehr and K. M. Schmidt［1999］"A Theory of Fairness, Competition, and Cooperation," *The Quarter-*

ly Journal of Economics, Vol. 114–3, pp. 817–868.

E. Emanuele et al. [2008] “Relationship between Platelet Serotonin Content and Rejections of Unfair Offers in the Ultimatum Game,” *Neuroscience Letters*, Vol. 437, pp. 158–161.

B.-G. Ju, E. Miyagawa and T. Sakai [2007] “Non-manipulable Division Rules in Claim Problems and Generalizations,” *Journal of Economic Theory*, Vol. 132–1, pp. 1–26.

B. O’Neill [1982] “A Problem of Rights Arbitration from the Talmud,” *Mathematical Social Sciences*, Vol. 2–4, pp. 345–371.

J. Rawls [2008] *Lectures on the History of Political Philosophy*, edited by Freeman, S., Belknap Press.

第8章

信頼——社会を支えるベースライン

回「渡る世間に鬼」はいないか

世に流布することわざには、意味が正反対のものがあります。「善は急げ」と「急《せ》いては事を仕損じる」、「三人寄れば文殊の知恵」と「船頭多くして船山に上る」などがいい例でしょう。どちらもそれなりにもっともであり、一方が正しいと単純にいいきることはできません。

ちなみに、ある言明と、それを否定する言明がともに成り立って、そのどちらが正しいとも決しがたいことをさして、哲学者のイマヌエル・カントは「アンチノミー」(二律背反)とよびました。カントが例としてあげているのは、人間は自由な意志をもっているという言明と、すべては自然法則によって決定されているという言明です。

カントによれば、大切なのは、そのようなアンチノミーを簡単に割り切ったり、その前で立ちすくんだりすることではありません。そのようなアンチノミーがなぜ成立しているようにみえるのか、そのことを探究することが肝心なのです。カントの批判哲学は、このようなアンチノミーに対する挑戦として生まれたものです。社会科学もまた同じではないでしょうか。

話をことわざに戻すと、「渡る世間に鬼はなし」と「人をみたら泥棒と思え」なども、そのような一例です。世の中の人はたいてい信頼できるのか、あるいはすべての人を用心すべきなのか。あまり人を信じすぎるのもお人好しだけれども、かといってすべての人を疑いだしたら何もできない、というあたりが素直な反応かもしれません。

もっとも、最近では「渡る世間は鬼ばかり」が正しいことわざだと思っている人も少なくないようです。時代とともに、人々の認識も変わってくるのでしょう。

ところで、このことわざを用いて、やや意外な主張を展開している社会心理学者がいます。『信頼の構造』（一九九八年）、『安心社会から信頼社会へ』（一九九九年）などの著作で知られる山岸俊男です。日本といえば、地下鉄などに忘れ物をしても戻ってくる社会であり、ある意味で、世の中のほとんどの人を信頼してもいい社会であるとしばしば語られます。

ところが、山岸によれば、意外なことに、社会調査や実験が示すのは逆の結果なのです。いわば、日本が「人をみたら泥棒と思え」と思っている社会だとすれば、しばしば訴訟社会といわれるアメリカのほうがむしろ、「渡る世間に鬼はなし」と信じている社会だというのです。にわかには信じがたい議論ですので、もう少し詳しく検討してみましょう。

回 信頼の低い日本社会

まずは社会調査です。いろいろな種類の調査がありますが、山岸があげるのは、統計数理研究所のものです。日本人とアメリカ人を対象として「たいていの人は信頼できると思いますか、それとも用心するにこしたことはないと思いますか？」と質問したところ、アメリカ人回答者の四七％が「たいていの人は信頼できる」と回答したのに対し、日本人でそのように答えたのは二六％にすぎませんでした（一九七八年調査、八三年調査では三一％）。

「たいていの人は、他人の役に立とうとしていると思いますか、それとも、自分のことだけに気をくばっていると思いますか？」という質問になるとさらに差が広がり、「他人の役に立とうと思っている」と回答したのは、アメリカ人回答者の四七％に対し、日本人は一九％でした（一九七八年調査、八三年調査では二四％）。どうやら日本人は人をあまり信用しておらず、他人は自分のことばかり考えていると思っているようです。

山岸はさらにアメリカ人と日本人を集めて、社会的ジレンマをめぐる実験を行っています。社会的ジレンマとは、互いに協力すればみんなの利益になるのに、各人は自分だけが協力しないことで利益を得られるので、互いの協力が起こりにくいシチュエーションです。地球温暖化の防止への国際協力がなかなかうまくいかないのは、社会的ジレンマの典型例でしょう。

山岸が行った実験は、被験者に一定のお金を与えて、そのうちいくらを寄付するか決めさせるものです。その寄付は、他者の利益にはなりますが、自分の利益にはなりません。各人にとって最も利益が高まるのは、自分だけは寄付をせず、他者はみんな寄付をするときです。しかしそのように行動する人が多ければ、みんなの利益が低くなります。

協力して寄付しあう人が多いと、みんなの利益は高まります。とはいえ自分のみが寄付をするのは損なだけです。こうした状況では、他者も寄付に協力してくれると信頼できなければ、自分も寄付しようとは思えません。他者への信頼のもち方が、行動に大きく影響するのです。

実をいえば、このような結論は、ほかの調査によっても支持されています。International Social Survey Programme の Citizenship 2014 の調査によれば、「一般的にいって、人々は信頼できるといえるか、慎重に接するにこしたことはないといえるか」という問いに対し、「いつも信頼できる」「たいてい信頼できる」と回答した人の割合は、ＯＥＣＤ加盟国二五カ国のなかで日本は一九位と、決して高くありませんでした。

これはいったいどういうことなのでしょうか。もちろん、このような調査結果は、ただちに日本社会が信頼できない人ばかりから成り立っていることを示すわけではありません。そうではなく、人が他人をどう思っているかが肝心なのです。もちろん、日本人は「信頼」という言葉を重く受け取りすぎて、やや慎重に回答しているという解釈もありうるでしょう。とはいえ、各種調査がかくも共通した結論を示しているように、日本人が相互に必ずしも十分な信頼感を抱いていない傾向には否定しがたいものがあります。

回「安心社会」から脱却できない日本？

なぜ日本社会では一般的な信頼が低いのでしょうか。山岸の解釈は、日本は長らく「信頼社会」ではなく、「安心社会」であったからだ、というものです。山岸によれば、「信頼社会」と「安心社会」は似て非なるものです。「安心社会」とは、個人が特定の集団に長期間にわたって関与し、そのことによって集団のメンバーとして認知されるような社会です。はたしてその個人は信用できるのか。このことは集団内部において時間をかけて評価されます。長期の評価を通じて、個人は最終的に所属を認められ、「安心」を得ることができるのです。

ある意味で、集団内部では相互監視の状態が持続的に続きます。集団内部で信用を失えば、そこに残ることはできません。逆に、集団内部でメンバーとして承認されれば、その後は、「この人は信用できるか」と目を光らせる必要はなくなります。同じ集団に所属しているというだけで、「この人は大丈夫」と思えるからです。

終身雇用や年功序列といった特徴をもつ日本企業に代表される、いわゆる「日本型組織」は「安心社会」の最たるものでした。しかしながら、そのような日本の「安心社会」

にも変化がみられると山岸はいいます。

社会の流動性がしだいに高まり、一人の個人が一生涯、同じ組織に所属することは必ずしも一般的とはいえなくなっています。組織の側では、所属メンバーを生涯にわたって丸抱えすることが難しくなっていますし、個人の側でも、固定した人間関係に縛られることを忌避するようになっています。

そうだとすれば、個人は特定集団を離れ、自分で信頼関係を構築しなければならなくなります。特定の集団に所属しているから安心して付き合うのではなく、自分の目で、誰が信頼できるかを判断しなければならないのです。このことは一定のリスクをともなうものの、いったん信頼を構築できれば、どの組織に所属するかにかかわらず、関係を期待することができます。

もちろん、誰が信頼できるかを見分ける目をもつことは容易ではありません。さまざまな試行錯誤において、ときには痛い経験もすることでしょう。そのような経験を経て、人は独自の「目」をもつようになります。他者の感情や思考を理解し、社会的に適切に行動する能力を社会的知性とよぶならば、そのような「目」は一種の社会的知性にほかなりません。

ここで興味深い逆説があると、山岸は指摘します。すなわち、「世間の人は信じることができない」と疑ってかかるより、「世の中のたいていの人は信頼できる」と思っているほうが、そのような社会的知性の発展につながるというのです。人を疑ってばかりいると、行動は消極的になり、社会的知性の発展のための経験を積むこともできません。これに対し、人を信頼してかかるほうが、試行錯誤はあっても、最終的には人をみる「目」をもてるようになるというのです。

しばしば契約社会といわれ、人間関係が流動的とされるアメリカが、日本と比べて他者に対する一般的信頼が高いのは、そのような信頼がなければ、新たな関係構築の動きも生じないからでしょう。人はあえて、他者を信頼しようとしているともいえます。これに対し、長らく「安心社会」だった日本では、所属する組織の外部にいる人間に対しては信頼することができません。結果として、「世の中の人は信頼できない」という人が多いのです。

ある意味で日本社会は、「安心社会」ではなくなりつつある一方、新たな「信頼社会」にはうまく適応できずにいるのかもしれません。多くの人はより「個人主義的」な生き方をしたいと思いつつ、集団を離脱するにはあまりにリスクが高いので、結果として周囲に同調してしまっていると山岸は指摘します。

　このような山岸の解釈がすべて正しいかどうかは、あらためて検証すべきでしょう。とはいえ、社会に対する一般的信頼が決して高いとはいえない日本社会という指摘については、真剣に検討すべき意味がありそうです。

◎「信頼」とは何か

　「信頼」とはおもしろい概念です。多くの社会科学者が独自の視点から、この概念に切り込んでいます。一例をあげればドイツの社会学者のニクラス・ルーマンです。ルーマンは信頼を「複雑性の縮減」という視点から定義しています（Luhmann 1989）。これだけだとややわかりにくいので、もう少し説明しましょう。

　人間を囲む外部環境は複雑です。無数の人々や組織がそれぞれの活動を行い、そのすべてを把握することは不可能です。そのような外部環境を把握してから、自分の行動を決定しようとすれば、いつまで経っても決められない状態が続きます。

　そのような状況に対し、人間はどのように対応するのでしょうか。環境の複雑さを、何とかして減らすしかありません。そこで出てくるのが「信頼」です。この場合の信頼とは、ある人がなぜそう行動するのか、いちいち考えることなく、「この人はこのように行動するはずだ」と想定できることをさします。もちろん、人間は自由な存在ですから、こちらの想定どおりに行動するとは限りません。とはいえ、まわりのすべての人間について、「この人は予想外の行動をするかもしれない」と疑っていては、社会生活を送ることができません。一定のリスクをともないつつ、人は他人を「信頼」せざるをえないのです。

このようなルーマンの「信頼」は、きわめて包括的で、抽象度の高い定義でしょう。これに対し、もう少し具体的な水準で信頼を論じる社会科学者たちもいます。たとえば、アメリカの政治学者ロバート・パットナムは、民主主義を支える社会的基盤としての信頼を論じています。彼の場合、とくに「社会関係資本」(social capital) という概念を用いていることが注目されます。

世界の各地域のなかで、民主主義がより発展しやすい地域というものがあるのでしょうか。たとえばパットナムは、その著作『民主主義を機能させる』(邦題は『哲学する民主主義』二〇〇一年、原著一九九三年) において、イタリア北部は南部に比べ、統治が効率的に行われていることに着目します。その原因としてパットナムは、北部においては中世以来の水平的な市民どうしの協力関係や、自発的な団体の伝統があることを指摘しています。

続いてパットナムは『孤独なボウリング』(二〇〇六年、原著二〇〇〇年)において、アメリカにおける自発的団体(アソシエーション)の盛衰について検討しています。背景にあるのは、アメリカの民主主義を支えてきたのは、草の根レベルで社会的目的のために活動する諸団体であるという考え方です。このような諸団体によって培われた人間関係こそが、アメリカ社会の基盤となっているというのです。

人々が集団を組織し、共通利益を実現することが可能となり、社会全体が効率的に運営されるためには、そのための信頼や規範、ネットワークが欠かせません。このような意味での「社会関係資本」があればあるほど、人はそれを前提に、自分の判断をすることもできるのです。

逆にいまやアメリカでは、そのような「社会関係資本」が減少しているのではないかと、パットナムは警鐘を鳴らします。山岸の議論でも、アメリカは一般的信頼が比較的高い社会であると指摘しましたが、そのような信頼を支えていたのは「社会関係資本」の充実であったのかもしれません。日本社会の行方とともに、アメリカ社会の変化にも注目していく必要がありそうです。

ちなみに、もう一人名前をあげるとすれば、同じくアメリカの政治学者フランシス・フクヤマです。ベルリンの壁が崩壊した一九八九年、フクヤマは、「歴史の終わり?」という論文を発表しました。この論文でフクヤマは、自由民主主義体制が人類にとっての最終的な政府形態であり、いわば「歴史が終わった」と主張して話題をよびました。

フクヤマは続いて『信頼』(邦題は『「信」無くば立たず』一九九六年、原著一九九五年)というタイトルの本を書きます。パットナムが民主主義の基盤としての「社会関係資本」を重視したとすれば、フクヤマは資本主義が発展する鍵として「信頼」の存在の有無に着目したといえます。言い換えれば、信頼に富んだ社会ほど、資本主義が発展する可能性をもっているというわけです。フクヤマにすれば、今日において重要なのは、自由民主主義か社会主義かという体制選択よりは、むしろ社会における信頼の有無であるというわけでしょう。「信頼」への注目は、冷戦の終焉が社会科学にも影響を与えた一例なのかもしれません。

回 新たな信頼社会の構築へ

山岸の議論に戻りましょう。彼によれば、現代の日本社会では、「個人主義」的な生き方をしたいと思っているにもかかわらず、まわりの人間が依然として集団に対する同調志向を維持しているため、自分だけ突出するわけにもいかないと思っている人が多いと指摘しています。

いわば「渡る世間は鬼ばかり」であるし、かといって自分の属する組織内部では〈私〉を活かすこともできない、そう思っている人ばかりが目立つのが、現代日本社会なのかもしれません。しかしながら、このような状態が健全なものでないことは、いうまでもありません。

求められるのは、開かれた環境において、個人が新たな信頼関係を構築していくための環境を整えることでしょう。所属する組織から一歩外に踏み出し、新たな結びつきを作りだしていくことを可能にするためには、そのための社会制度とルールが必要です。そのような社会制度とルールを根底で支えているのが「公正」にほかなりません（第7章を参照してください）。組織から見離されたら生きていけないと人々が思っている限り、どれだけ不満があっても組織の外へと向かおうとする勇気が出てきません。「人をみたら泥棒と思え」状態が続くばかりです。

社会にはいろいろな人がいるけれども、そこには公正なルールがあり、人々がチャレンジすることを支える仕組みもある。そのように思えてこそ、「渡る世間に鬼はなし」と思えるはずです。逆に、「渡る世間は鬼ばかり」な状態でリスクをとらされることが続けば、人々の社会的信頼は低下するばかりです。真に信頼社会を構築するためにいまの日本社会に何が欠けているのか、真剣に考えることなしに前に進むことはできません。

歴史的にみれば、「信頼」の素材となったのは、人々の自発的な団体の伝統です。このような自発的団体は宗教に由来するものもあれば、地域の自治の慣行に根ざす場合もあるでしょう。しかしながら、パットナムによれば、このような伝統を豊富にもつはずのアメリカ社会でも、そのような伝統には変化がみられるようです。

そうだとすれば、伝統的な結びつきを維持するばかりではなく、人と人の結びつきを新たに生み出すための知恵や技術が必要でしょう。現在、注目が集まっている考え方の一つに「ピア・ネットワーク」(peer network)があります。この場合の「ピア」とは「仲間」や「同等の立場の人間」をさす言葉です。

上から下への支持・命令関係ではなく、対等な人間のあいだの相互評価とネットワークこそが、社会を動かす新たな原理となるべきである。このような考えは、Wikipediaやクラウドファンディングなど、ITなどの世界では当たり前のものになっています。これをさらに政治・経済・メディア・教育などにも拡大していこうとする動きが強まっています。

いまや高度な知識や技術をもつ人間にとって気になるのは、世界に広がる同業者のあいだでの自分の評価でしょう。研究者や技術者にとっては馴染み深い「ピア・ネットワーク」の発想ですが、今後はカーシェアやネットオークション、そしてタクシー配車サービスのUber《ウーバー》、民泊仲介のAirbnb《エアビーアンドビー》まで、広く「同等者の相互評価」によるネットワークが社会を動かしていくはずです。このような「ピア・ネットワーク」は、まさに二一世紀の「信頼」の形なのかもしれません。

上から力によって統制されるばかりでは、社会は円滑にも、効率的にも運営されません。社会を真に支え、動かすのは「信頼」です。これに対し、タクシー配車サービスや民泊への動きがなかなか円滑に進まないことからも明らかなように、日本においてはまだ、信頼に基づいて物や情報を分かち合う「シェア」の社会は、未来の課題にとどまっています。

第6章の「私」では、「〈私たち〉の問題を〈私たち〉の力で解決する」ことが民主主義であると主張しました。社会のベースラインである信頼は、まさにこのような課題を実現するための条件の一つです。「公正」（第7章）や「ニーズ」（第9章）もまた、民主主義を支えるための条件であるといえるでしょう。そのような諸条件をいかに社会的に再構築していくか、知恵の出しどころです。

〈参考文献〉
山岸俊男〔一九九八〕『信頼の構造——こころと社会の進化ゲーム』東京大学出版会
山岸俊男〔一九九九〕『安心社会から信頼社会へ——日本型システムの行方』中央公論新社
F. Fukuyama [1995] *Trust: the Social Virtues and the Creation of Prosperity*, Free Press.（フランシス・フクヤマ〔加藤寛訳〕〔一九九六〕『「信」無くば立たず——「歴史の終わり」後、何が繁栄の鍵を握るのか』三笠書房）
S. Johnson [2013] *Future Perfect: The Case for Progress in a Networked Age*, Riverhead Books.（スティーブン・ジョンソン〔田沢恭子訳〕〔二〇一四〕『ピア——ネットワークの縁から未来をデザインする方法』インターシフト）
N. Luhmann [1989] *Vertrauen: ein Mechanismus der Reduktion sozialer Komplexität*, F. Enke.（ニクラス・ルーマン〔大庭健・正村俊之訳〕〔一九九〇〕『信頼——社会的な複雑性の縮減メカニズム』勁草書房）
R. D. Putnam [1993] *Making Democracy Work: Civic Traditions in Modern Italy*, Princeton University Press.（ロバート・D・パットナム〔河田潤一訳〕〔二〇〇一〕『哲学する民主主義——伝統と改革の市民的構造』NTT出版）
R. D. Putnam [2000] *Bowling Alone: The Collapse and Revival of American Community*, Simon & Schuster.（ロバート・D・パットナム〔柴内康文訳〕〔二〇〇六〕『孤独なボウリング——米国コミュニティの崩壊と再生』柏書房）

第9章

ニーズ――税を「取られるもの」から「みんなのたくわえ」に変える

回 困っている人を助けるのはよいことか

私たちは、困っている人をみつけたとき、「助けることはよいことだ」と考えます。それはお年寄りかもしれませんし、障がいをもつ人かもしれません。あるいは貧しい人や子どもたちかもしれません。このような気持ちを多くの人々がもつことは、日本だけでなく、すべての国に共通することだと思います。

「助けることはよいことだ」という判断。それは、その社会で生きていくために、一人ひとりの人間が守らなければならない基準、善悪の価値基準にしたがって行われています。この基準を私たちは「道徳」とよんでいます。

道徳的な「善」に対して異議を唱えれば、不道徳な人間だと叱られてしまいます。私たちが社会で生きていくうえで、道徳的な価値をなおざりにしてしまえば、人間は好き勝手に行動し、秩序は乱れ、さまざまな混乱が生じてしまうからです。

しかし、この問題を、財政や経済の問題として考えるとき、そして道徳を正義に置きかえて論じようとするとき、「困っている人を助けること」は必ずしも「善」だとはいえなくなります。

財政や経済のなかで、特定の困っている誰かを助けようとすると、その人は金銭やサービスの受益者になり、他方で、助けるほうは、そのための財源を支払う負担者となってしまいます。一方が受益者になり、他方が負担者となることに対して、みなさんはどこまで寛容でいることができるでしょうか。

とりわけ、社会全体が貧しくなり、それまでは余裕をもっていた多くの人たちが将来に不安を抱えるようになる状況であれば、なおさらです。負担者は、受益者、つまり、困っている人が、いかに努力をせず、自己責任を果たさず、不正に利益を受けているかという批判の声を強めるかもしれません。第7章にも出てきたジョン・スチュアート・ミルが『功利主義論集』（二〇一〇年、原著一八三五～六一年）という本のなかで指摘したように、一方を利すること、ある人をほかの人よりも優遇することは正義に反するからです。

問題はこれにとどまりません。困っている人たちを放置することが自分の損になるとします。たとえば、不運な人たちがまわりにいて、その人たちが貧困に苦しみ、まわりの治安を悪化させているとき、私たちは主体的にこの人たちを助けようとするかもしれません。とはいえ、たとえば寄付で、自分だけが彼らを助けてしまえば、まわりのすべての人は何の負担もなしに、状況を改善できることになります。この不公正を避けるには、それぞれの個人がすすんで税を支払い、みんなで状況を解決することが望ましいといえます。

しかし、です。自分がそうしたいからではなく、困っている人を助けることは社会的な公正の観点からみて望ましい、それは正義なのだから税を払えといわれた瞬間、納税は主体性のない、ただの義務と化してしまいます。「正義だから税を払え」と迫られたとき、みなさんは、心理的に、どこまでこの主張を受けいれることができるでしょうか。

もっと根源的な問題があります。困っている人を助けることにみんなが同意したとしましょう。では、その困っている人とは誰のことをさすのでしょう。

貧しい人は困っている人かもしれません。でも、年収がいくらであれば困らないといえるのでしょうか。また、その基準は、すべての人にとって同じ基準だと考えてよいのでしょうか。あるいは、パートナーが働いているために金銭的には困っていなくても、出産のために大好きな仕事をあきらめなければならなかった女性がいたとき、この人は困っていないことになるのでしょうか。さらに微妙な例もあります。本当は障がいがあるけれど、そのことを自覚できない「障がい者」がいた場合、その人は困っているのでしょうか。困っていないのでしょうか。

日本では、貧しい人が安い値段で入居する公営住宅にかんして、絶対的にその数が不足しているといわれています。政府は、所得制限を厳しくして、「本当に困っている人たちだけが住めるようにすべきだ」と主張します。

しかし、絶対的に数が足りないという現実の前に、入居の条件をどんどん厳しくしていってしまえば、多くの実際に困っている人たちは排除されていってしまうでしょう。そして、その排除された人たちは「恵まれた弱者」だけが救済されることに不満をもつかもしれないですし、なんとか自分で生活できる人たちも、一部の人たちが安い価格で家を借りられることに不満をもつかもしれません（祐成 二〇一六）。

回 人間はどうして助け合うのか

　このように「困っている人を助ける」という発想は、一見するとまったく正しいことのように考えられますが、この見方が自明の事柄だと断言するにはいくつもの問題があるのです。それどころか、人間と人間の対立、負担者と受益者、弱者と弱者の分断を生み出す原因となるかもしれません。

　一方、私たちの歴史が示すように、旧石器時代のころから今日に至るまで、すなわち、狩猟や採集を行うときにも、東日本大震災の被災者を支援するときにも、多かれ少なかれ、人々は、互いに協力し、助け合いながら生きてきました。

　では、なぜ、私たちは互いに助け合うという選択をしてきたのでしょうか。

　たとえば、縄文時代に人々が生活をともにし、共同で狩猟や採集を行った理由、それは厳しい自然環境のなかで生き抜かなければならなかったから、つまり、「生存」という「共通のニーズ（needs）」があったからです。その後、日本では、稲作が普及するようになって人々の共同作業はますます深まっていきましたが、これもそれ以前の時期と同じく、食料の生産という共通のニーズが存在したからであり、そのニーズを効率的に満たしていくために、さまざまな道具や技術が発明・開発されていったのでした。

江戸時代の農村では、人々は、田植え・稲刈り、水や森の管理、自警、消防、初等教育など、さまざまな領域で助け合って生きてきました。その理由は、村請制《むらうけせい》によって、年貢の支払いを村単位で行う必要があったこと、年貢の不払いが村全体の連帯責任につながったことでした。当時、人々は生まれたところで農作業を行い、生活し、そして死んでいきました。生産共同体としての農村は運命共同体でもあり、そのなかで農作業をともに行い、暮らしを支え合い、脱落者が生まれないように助け合って生きてきたのでした。ここでも生存、そして生活のニーズが共同作業の根底にあります。

このように、私たちが助け合うときには、必ずその助け合いを導きだすような「共通のニーズ」が存在することに気づかされます。

産業革命が起き、商品の生産と流通が大規模になることで、市場経済での取引が人々の日常生活のなかに入り込んできました。私たちは生産共同体を離れ、労働者になり、集団の構成員としてではなく、個人として生きていくことになりました。いわば「生産する場＝企業」と「生活する場＝家族・コミュニティ」とが分離し、「助け合い＝共」の領域が小さくなったわけです。このことは人間をさまざまな強制から解放することとなりました。しかし同時に、第6章でも指摘されたとおり、孤立のリスクを作りだし、さらには、人間が生き、暮らしていくうえでのニーズを満たすことを難しくしました。

歴史を振り返りますと、私たちは、この問題を二つの方法で解決してきたことがわかります。一つは、学校や住宅、水道といったさまざまなニーズを商品化し、労働で得た賃金でこれを購入するという方法です。もう一つは、ニーズを私的、個別的な責任から解き放ち、社会に共通の課題とすること、すなわち「社会化」して、財政を通じてそのニーズを満たすという方法です。

私たちは、多くの人々が共通して必要とするニーズを財政で提供し、そのために必要な財源を税によって集めてきました。そして、それを上回るニーズについては、個人が自分自身の所得や貯蓄でこれを満たしていく道を選んだのでした。人類は道徳や正義という価値のために助け合いを選んだのではありません。私たちは、そこに共通のニーズがあったからこそ、助け合い、支え合って生きてきたのです。

回 ニーズとは何か

以上の見方、すなわち、共通のニーズのために、人間が協同作業を行うという見方は、古くは古代ギリシャの時代から、多くの思想家によって繰り返し強調されてきました。私たちの社会や国がなぜ作られたのか、それらの安定のために必要な条件は何か、という問いに対して、彼らは「みんなに共通の利益を実現すること」の重要性を説き明かしています。

たとえば、国が生まれた理由について、アリストテレスは「われわれが生存するための必要によるものであったが、いまやそれはわれわれの生活をよくすることにある」といいました（アリストテレス 二〇〇九）。ジャン＝ジャック・ルソーは「さまざまの利害のなかにある共通なものこそ、社会のきずなを形づくる」といいきりました（ルソー 一九五四）。アメリカの哲学者トマス・ペインも、政府が生まれる理由の一つとして「社会の共通利益と人間の共通の権利」を掲げましたし（ペイン 一九七一）、ときには、市場原理主義者の代表格として知られるミルトン・フリードマンでさえ、国家がなければ、「多くの人が重大な関心を抱き、しかも意見が一致しないような問題ともなれば、社会が分裂することも大いにあり得る」ことを認めています（フリードマン 二〇〇八）。

私たちが社会や国家を通じて何らかの協同作業を行うとき、その重要な手段の一つとなるのが財政です。みんなにとって共通のニーズをみんなで負担しあって満たすこと。まさに財政は、喜びと痛みを分かち合って生活を安定させることで、社会や国家がまとまりをもち、一つの共同体として成立するための条件を整えているということができます。

しかし、問題は、このニーズを実際の給付と結びつけて考えたとき、何がみんなに共通のニーズなのか、それをどこまで保障すべきかがはっきりしないことです。

たとえば、子どもが生まれたとき、子育てや教育のニーズが発生します。おそらく、みなさんの頭のなかで、これらのニーズはすべての子どもに共通する大切なニーズだと考えられるのではないかと思います。義務教育がタダで提供されているのはその象徴です。

しかし同時に、これを親のほうからみますと、子育てというニーズが発生することを意味しています。この子育ては、子どものいる親にとっては共通のニーズですが、子どものいないカップルや子育ての終わった高齢者、あるいは単身者にとっては、まったく必要のないニーズだということになります。このようなニーズを社会的に満たすことにどの程度の賛成が得られるかはよくわかりません。

人間は誰もが病気になりますから、医療を必要としない人はいないでしょう。外交や防衛などのニーズやそれから得られる利益は、すべての人々に共有されます。これらは共通のニーズだといえそうです。ですが、医療を全員に無料で提供するのか、一割負担とするのか、二割負担とするのかを論理的に決めることはできません。あるいは、ある国では私設の軍隊が存在しますし、民間外交という言葉もよく聞きます。つまるところ、これらのニーズでさえ、みんなに共通の利益なのか、私的で個別の利益なのかよくわからないのです。

このように人間に共通のニーズ、基礎的なニーズといっても、それぞれの立場や考え方によって、多くの分かれ道が存在することとなります。そこで、話の見通しをよくするために、ニーズをどのように考えるべきなのか、少し考え方を整理しておきましょう。

社会政策の研究者、ハートレー・ディーンの整理によると、まず、ニーズは、（1）私たちが測定、判断し、それに基づいて与えるものなのか、それとも、（2）人間が生存・生活するうえで必然的に求められるものなのか、によって、評価が分かれるといいます。次に、（3）快楽を実現し、苦痛を回避するために必要だと考えられる最小限のものなのか、それとも、（4）社会の文脈に応じて、必要だと考えられる程度が変わるため、その社会で最適と考えられる一定水準のものなのか、によっても評価は分かれます（ディーン 二〇一二）。

残念ながらこの整理はやや難解です。教育を例にこの問題を考えてみましょう。

みなさんは、教育にかんして、ある人はお金持ちだから自助努力にまかせ、所得の少ない人たちにだけ提供すればよいものと考えますか。それとも、人間である以上、誰もが必要とするサービスだから、みんなに提供すべきだと考えますか。

次に、教育を提供するとき、最低限度のサービスでよいと考えますか。それとも、お金持ちは塾に行けて、貧しい人はそうできませんから、最低限度のサービス以上の、ある程度の水準の教育を提供すべきだと考えますか。

一つの極は、貧しい人に限定して、最低限度のサービスを提供すればよいという考え方です。もう一つの極は、すべての人を受益者にして、最低限度を超える品位ある（decent）保障を行うという考え方です。むろん、そのあいだには、みんなに最低限のサービスを提供する、貧しい人たちに厚みのあるサービスを提供するという選択肢があります。

理屈だけであれば、この選択肢のいずれが正しいかを結論づけることはできません。しかし、第I部で明らかにされた「日本社会のいま」を念頭に置きながら、一つの考え方を示しておきたいと思います。

回 どのようにニーズを満たすのか

私たちが絶対視してきたＧＤＰという指標ですが、それを神聖視する必要もなければ、数値化されないその他の価値に劣るものでもないことを第1章で学びました。また、第2章でみたように、現実において、私たちは経済成長に依存した社会を作りつつも、その成長が前提とできない時代に足を踏み入れつつあります。ニーズを「自己責任」で満たしてきた日本社会にあって、所得の減少が生活不安をもたらしていますし、それどころか、近代といわれた時代が明らかに行き詰まり、未来を予測することすら難しい状態が生み出されつつあります。

このような時代の状況を念頭に置いたとき、貧しい人に対象を限定する、あるいは、貧しい人に対象を絞りながら、手厚いニーズの充足を行うということがはたして可能なのかどうか、慎重に考える必要があるでしょう。

第二次世界大戦後の荒廃した社会にあって、多くの人々が貧困や生活苦を分かち合えた時代であれば、「困っている人たちの救済」は共通のニーズたりえたかもしれません。あるいは、日本の経済水準が決定的なまでに低下し、発展途上国並みの貧困が社会を覆い尽くせば、貧困対策はみんなのニーズになるかもしれません。

しかし、中間層が負担者となる力を失う一方、貧しい人たちも平均的には発展途上国に比べて豊かな生活を保障されている日本にあって、困っている人たちだけを助けるという選択肢は、説得力をもちにくくなっています。実際、国際調査をみてみますと、日本は先進国のなかで格差を小さくしようという意識が明らかに低い国であることがわかりますし、低所得層への批判が日増しに強まっていることは第2章で指摘したとおりです。

他方、すべての人を受益者にして、最低限度の、あるいは品位ある程度の、生活保障を行うという選択肢はどうでしょうか。こうすると、中間層やお金持ちも含めて受益者になりますから、所得階層間の分断や対立をやわらげることができそうです。ただ、貧しい人の割合が増え、全世帯レベルでみても所得水準が低下を続けている状況を考えれば、最低限度の生活保障だけで十分だとはいえなさそうです。

このように考えますと、「すべての人々に品位ある保障を行う」という選択肢が最も魅力的なものだと思われるのですが、問題は、そのために多くの財源が必要なことです。とりわけ、先進国最大の政府債務に苦しんでいる日本では、この問題を無視することはできません。

ですが、財政の成り立ちが、痛みと喜びを分かち合いながら、社会や国家としての一つのまとまりを作りだすことにあったことを思い出してみましょう。一人ひとりが貯金をすることで自分自身の生活保障をやってきたのが、第2章でみた日本の勤労国家でした。これを税金に置きかえ、社会全体の貯金とすることで、社会全体が将来不安におびえることなく、安心して生きていける社会を作るということは十分に検討されてよい方向性ではないでしょうか。

むろん、そのような社会を実現するためには、政府の人たちが、みなさんの負担と同時に受益についてもきちんと説明する努力が必要です。また、貧しい人たちがただ受益者になるのではなく、彼らも含めたすべての人たちの受益を分厚くするかわり、誰もが一定の負担をするという視点も大事です。こうして、受益者が極端に偏ることなく、税も広く分かち合われるとすれば、多くの人にとって納税は受け入れやすいものとなるのではないでしょうか。ようするに、支出が増えるかわり、収入も増えるわけです。

「税金は取られるもの」というのが、いまのみなさんの感覚かもしれません。しかし、「税金は社会全体の将来へのたくわえ」だと考えてみればどうでしょう。私たちの払う税がみなさんの自己負担、私的負担を軽くすると考えれば、決して重たい負担ではなくなると思います。実際に、日本よりはるかに税負担が重いことで知られる北欧諸国の人たちは、日本人よりも税金の負担を重いと感じていないというデータがあります。子育て、教育、医療、介護、障がい者福祉など、生活のニーズ、とりわけ、みんなに共通するニーズを満たしていけば、税は「負担」ではなく、「安心のための備え」になるのです。

第6章を思い出してください。みなさんは、「私たち」という言葉を普段から使っていますか。想像するに、この言葉を使う機会は少なくなっているのではないでしょうか。第3章も思い出しましょう。そこでは、人々が過去を共有し、それを未来へとひらいていくことの大切さが強調されました。過去の出来事や価値観を分かち合ってはじめて、〈私たち〉という共感の気持ちが生まれるからです。

〈私〉の利益ではなく、〈私たち〉の利益。第7章でお話ししたように、人間は不公正な扱いを受けたとき、それに反発をします。誰だって、見知らぬ誰かのために一方的に負担を強いられるのは嫌なものでしょう。私たち、あるいは私たちの社会のために、何ができるのかを考え、そのために必要な負担を分かち合うことができるかどうか。それは、私たちがまとまりのある、助け合いの社会を作れるかということと密接に関係しているのです。

〈参考文献〉

アリストテレス（田中美知太郎ほか訳）［二〇〇九］『政治学』中央公論新社
井手英策［二〇一二］『財政赤字の淵源――寛容な社会の条件を考える』有斐閣
井手英策［二〇一七］『財政から読みとく日本社会――君たちの未来のために』岩波書店
井手英策・古市将人・宮﨑雅人［二〇一六］『分断社会を終わらせる――「だれもが受益者」という財政戦略』筑摩書房
祐成保志［二〇一六］「住宅がもたらす分断をこえて」井手英策・松沢裕作編『分断社会・日本――なぜ私たちは引き裂かれるのか』岩波書店
ハートレー・ディーン（福士正博訳）［二〇一二］『ニーズとは何か』日本経済評論社
ミルトン・フリードマン（村井章子訳）［二〇〇八］『資本主義と自由』日経ＢＰ社
トマス・ペイン（西川正身訳）［一九七二］『人間の権利』岩波書店
ジョン・スチュアート・ミル（川名雄一郎・山本圭一郎訳）［二〇一〇］『功利主義論集』京都大学学術出版会
ジャン＝ジャック・ルソー（桑原武夫・前川貞次郎訳）［一九五四］『社会契約論』岩波書店

第Ⅳ部　未来を語るために

人間と人間が価値を分かち合うときに、はじめて個の集合は社会に変転します。しかし、**歴史認識**問題に象徴されるように、過去の事実でさえ、価値の共有が難しいのがいまの状況です（第10章）。価値の共有を促すには、公共を再構築しなければなりません。人間の安心を支え、保障するのが「**公**」の責任ですが、地方では過疎地域のように公の縮減が急速に進んでいます（第11章）。しかし過疎地域で起きつつあるのは「共」の再編であり、そこで語られるのは未来への**希望**なのです（第12章）。

第10章

歴史認識——過去をひらき未来につなぐ

回 過去を共有する

私たちが協力して、新しい社会を作っていこうとするときに前提となるのは、発生している問題や、解決すべき課題についての認識を、きちんと共有しておくことです。そして、その問題や課題は、過去の誰かが行った何らかの行為の結果として存在するものです。そこで、問題解決のためには、過去の出来事の経緯や背景について理解しておくことが重要になってきます。しかし、時間は一瞬ごとに過ぎ去っていき、過去となってしまった出来事はその一瞬後にはもう直接に体験することはできません。

そのため、人間は、一定の記憶と記録をもち、それに基づいて行動します。たとえば待ち合わせの時間や場所や、書類の提出期限や、会議の開催予定といった予定を手帳などに記入しておくことは、ある時点で決められたことを、後になって実行するための仕組みです。

同じようなことは個人単位だけではなく組織単位でも行われています。その典型的な形式が法という文書の形です。法とは、ある時点で立法権をもつ人や集団が、組織——たとえば国家——全体に適用されるルールとして定めたものですが、そのルールの内容がどこかできちんと記録されていなければ、その法は、有効なものとして存在しつづけることはできません。

こうした過去の記録がうまくいかないとトラブルが発生します。手帳に記入し忘れたために、予定が重なってしまい先方に謝る羽目におちいったりすることは日常的によくあるトラブルです。「言った、言わない」というのもありがちなけんかの形態ですが、これは、双方が議事録をきちんと作成して、その場で確認しておけば避けることができます（もっとも、日常の会話のあらゆる場面で議事録を作成するのは手間がかかりすぎます）。

つまり、社会は、社会のメンバーどうしで、ある程度過去の出来事を共有すること抜きには成り立たちません。何らかの形での過去の共有は、社会が機能するための条件であるといえるでしょう。そして、過去の共有がうまくなされないときには紛争が発生します。

ここで、共有される必要があるのは、まず過去の出来事についてのことであって、その出来事をどう考えるか、どのような意味をもつか、といった、出来事の解釈のことではありません。たとえば、二人の人間がある契約を結んだという出来事の記録を共有していたとしても（たとえば契約書がきっちり残されている）、その契約が有効な契約なのか、という解釈上の紛争が起こることはありえます。それでも、ある契約が交わされ、かつそれが準拠すべき法が存在する、という認識が紛争両当事者に共有されていれば、しかるべき司法機関が出した判断を両者は受容し、紛争はそれ以上拡大しません。

回 アーカイブズの役割

過去を共有するための仕組みとして、現代において一般的なのは、文書を作成するということです。とくに、役所や企業といった組織では、一つの仕事を扱っていた個人が退職したり、配置換えになったりしたとたんにその仕事のこれまでの経緯がわからなくなってしまっては大変ですから、適切に文書を作成、保存して、組織の仕事が継続性をもつようにすることが重要です。

そうした文書（紙に書かれたものとは限りません。今日では電子情報も含まれます）のあり方について研究する学問分野として「記録管理学」とか、「アーカイブズ学」とよばれる学問があります。こうした学問の用語では、企業や役所で作成された文書は「記録」（records）とよばれます。記録のうちのあるものは、時間が経過すると、不要なものとして廃棄されます。個人や家庭でも、大掃除のときや引っ越しのときに「これはもういらない」という書類やら手紙やらを処分することがありますが、企業や役所では、記録の種類ごとに、「この帳簿は何年間保存しておく」というような「保存年限」を定めておき、それが経過すると不要なものとして廃棄することが行われます。

一方、ある種の記録は、組織の活動の歴史を語るものとして、廃棄しないで後世に伝えていく必要があります。組織でさしあたり参照する必要がなくなったものでも、廃棄せずに永久に保存していくべきものとして選び出された記録は「アーカイブズ」とよばれ、そのために設置された施設で保存・公開されます。「アーカイブズ」という言葉は日本語に訳しにくいのですが、作成された文書のうち、永久に保存されるべきものとして選び出されたものという意味では「記録資料」と訳されることが普通です。一方、記録資料を保存・公開する施設のことも「アーカイブズ」とよばれ、その場合は「文書館」という訳語があてられます。

回 近代国家とアーカイブズ

先に述べたとおり、何らかの形で、社会のメンバーが過去を共有することは、社会が機能するための条件ですが、どのような方法でそれを行うかは、時代や場所によってさまざまです。

現代社会とは異なった文書のあり方をとる社会として、たとえば日本の中世社会（鎌倉、室町時代）をあげることができます。日本中世社会の特質を示す言葉として「自力救済」という単語があります。日本中世社会は、権利を保護する公的機関の力が弱く、権利を主張するものは、ときとして暴力を含む自分の力で権利を実現しなければならない社会であった、という意味です。そうした社会では、まず法のあり方が現在とはまったく異なっていました。法を制定した側、たとえば幕府や朝廷は、制定した法の内容を、必ずしもすべて把握していたわけではありませんでした。紛争が起こり、訴訟になると、訴訟の当事者たちが、自分の依拠している法が存在しているのかどうかを、自分で立証しなければならなかったのです（笠松 一九八三）。

このような社会で重要になるのは、権利を証明する文書です。たとえば、ある荘園の地頭として、その土地に対する権利を主張する者は、その証拠として、幕府から地頭に任命されたという文書を提示して、裁判を争うことになるのです。当然、文書の偽造も横行することになります。

これに対して、近代社会においては、さまざまな組織で、規則に基づいて記録が管理されると同時に、もはや実務では使用しないと判断された文書についても、残すに値すると考えられた文書は、アーカイブズとして保存されるのが原則です。とくに、国家や地方自治体といった公的な機関は、そうした記録管理とアーカイブズ管理を適切に行うことが求められます。

なぜ近代社会の政府はアーカイブズをもつことを求められるのでしょうか。それは、民主主義という理念のもと、政府には、透明性と、説明責任が求められるからです。民主主義社会では、政府は社会のメンバーにとって他人ではなく、自分たち自身の政府である、というのが建前です。そうした建前のもとでは、政府が何をやっているか、どのようなことを決めたのか、という記録は、政府の私有物ではなくて、社会のメンバーの共有財産である、ということになります。フランスで国の公文書館が設立されたのは、フランス革命直後の一七九〇年であったことは、そのようないきさつをよく示しています（ファヴィエ一九七二）。

政府がもつ記録は、ただちに公開されるわけではありません。記録のなかには、一般公開しては支障のあるものもあります。ただし、一定の年限が過ぎれば、どのような政策が、どのようなプロセスを経て決定されたのか、という記録は公開されることが求められるのです。

透明性を確保するためには、どのような記録を保存し、どのような記録を廃棄するのか、という決定が重要になります。これが政府によって勝手に行われるならば、政府は自分たちに都合の悪い記録を廃棄して、なかったことにしてしまう可能性があるからです。この手続きを、アーカイブズ学では「評価選別」とよびます。

二〇一六年のアメリカ大統領選挙の民主党の大統領候補ヒラリー・クリントンが攻撃される材料となったのが、彼女が国務長官在任中に、公務の連絡に私用アドレスを利用した問題でした。アメリカには「連邦記録法」という法律があり、公務の際のやりとりの記

国立公文書館本館書庫（国立公文書館提供）

録・保管が義務づけられています。クリントンが国務省のメール・アカウントではなく、私用のアドレスでメールのやりとりをしていれば、それを彼女が勝手に廃棄してもわかりませんから、連邦記録法に違反する可能性があるわけです（『朝日新聞』二〇一五年三月一五日付）。

一方、近代の日本では、アーカイブズ制度の発達は遅れました。現在、日本政府のアーカイブズである国立公文書館が設置されたのは、一九七一年のことです。大日本帝国憲法のもとでは、官僚は国民に対して責任を負っておらず、天皇に対してのみ責任を負っていました。そこでは社会の構成員に対する説明責任という観念はきわめて薄く、必要なくなったと判断された書類は、スペースの不足や庁舎移転を契機に、無秩序に廃棄されていきました（瀬畑 二〇一一）。そうした傾向は戦後になり、民主主義が憲法の原理となっても急に変わることはありませんでした。

公文書を私物のように扱い、自宅に持ち帰った例も数多くあります。その極め付きが、一九六九年一一月一九日付で、佐藤栄作首相とアメリカのニクソン大統領が交わした合意事項の文書が、二〇〇九年に佐藤の旧宅から発見されたという事例です。この合意事項の内容は、沖縄返還の条件として、有事の際の沖縄への核兵器の持ち込みを事実上容認するという重大なものです（いわゆる「沖縄核密約」）。この密約の存在は、アメリカの公文書や関係者の回顧録によって、以前から確実視されていましたが、密約の日本側正本それ自体は外務省にも首相官邸にも引き継がれることなく、佐藤の自宅で眠っていたのです。もし、アメリカがこの密約を根拠に核兵器持ち込みを日本政府に求めた場合、日本政府はその根拠となる記録を保管していない、という状態にあったわけです。

二〇一一年、日本でもようやく、本格的な政府の記録管理・アーカイブズ管理に関する法律である「公文書管理法」が制定されました。この法律によって、政府機関は公文書を勝手に廃棄したり、倉庫にいつまでも死蔵しておくことはできなくなり、国立公文書館に移管するか、内閣総理大臣の判断で廃棄するかのいずれかの手続きをとることが求められるようになりました。

しかし、これで日本の公文書問題が一気に解決したわけではもちろんありません。とくに、二〇一四年に特定秘密保護法が施行され、安全保障関係などの一部の記録が「特定秘密」として管理されるようになって以降、それら記録が適切に公文書管理法によって取り扱われるのかどうかという懸念が生じています。過去の共有のための仕組み作りは、これからの公文書管理法の運用の仕方にかかっています。

回 アーカイブズにできること

アーカイブズを整備するだけで、過去の共有が問題なく行われるようになるわけではありません。

歴史研究者がアーカイブズに収められている記録、つまり「史料」を読むとき、そこには何らかの問いがあります。それは明快な場合も、漠然としたものである場合もありますが、とにかくアーカイブズのなかに何かを見出そうという意志や問いがなければ、どのアーカイブズのどの史料を読むか、という決定はできません。

たとえば、立場によって歴史の理解が食い違うものとして、一九九〇年代から日本と韓国などで議論されている従軍慰安婦問題があります。アジア・太平洋戦争期に、日本軍が、朝鮮半島、台湾、中国、東南アジア、そして日本を含む広範な地域で、女性を軍の管理下で性労働に従事させた問題です。

この問題が注目されるようになったのは、一九九一年に、金学順《キムハクスン》という韓国の元慰安婦の女性が、長い沈黙を破って、自らの体験を語りはじめたのがきっかけでした。それまで、事実として決して知られていなかった問題ではなかったにもかかわらず、歴史学はこの問題を正面から取りあげることがありませんでした。奴隷制や植民地支配、戦時性暴力などの過去の出来事の責任を追及する世界的な動きが生じていたこと、そのなかで元慰安婦本人の告発という衝撃的な出来事が起きたこと、こうした状況に突き動かされて、研究者が国内外各地のアーカイブズの史料の探索に向かい、また聞き取り調査を進め、従軍慰安婦制度の全体像がしだいに明らかになってきたのです。

アーカイブズの史料から、過去の出来事を完全に再現することはできません。当事者の証言とアーカイブズの史料を組み合わせても、結論は可能性の高い推定にとどまらざるをえない場合もあります。しかし、一方で、確実にいえる部分というのも存在します。たとえば、「AがBに下した命令書」という文書が残っていれば、その命令書の存在自体が、「AがBに命令した」という出来事そのものの存在を示すものなので、「AがBに命令を下した」という出来事は確定されます（命令書が偽造されたものでないことは前提です。また、逆に、命令書がないことは、命令がなかったことをただちに意味しないことはいうまでもありません）。

アーカイブズの整備とは、この出来事の確定という作業を、できる限り確実に行うようにするための方法です。とくに、行政機関が、何らかの法に基づいて行った行為は、正しく記録が管理され、アーカイブズが運用されていれば、確定することが可能です。

日本のような不十分な記録管理しかなされてこなかった国でも、従軍慰安婦の募集と慰安所の設置に関して、軍や警察が関与していたことは、史料から確定することができます。日本の上海総領事館が国内の警察に、慰安婦募集への協力を求めた依頼文書が残されているのがその一例です（永井 二〇〇〇）。

回 事実の解釈

しかし、一つの出来事を実際に起きたものとして確定しただけでは、歴史認識問題は解決しません。それをどのような文脈に位置づけるのか、つまりその出来事をどう解釈したらよいのか、という問いが残るからです。それはちょうど、裁判において「契約書に調印した」という事実については当事者間で争いがなかったとしても、その契約が有効かどうかは、裁判で争われることがあるのと同様です（たとえば脅されて結んだ契約であり、その契約は無効だと一方が主張しているような場合）。

従軍慰安婦は、日本の軍や政府によって強制的に集められた、という理解に対して、彼女たちは「自発的」に慰安婦になったのだ、という反論をする論者がいます。そうした論者が根拠としてあげるのは、日本人の慰安婦のなかに、「慰安婦時代は楽しかった」と回想した女性がいたという事実です。

その女性が「慰安婦時代は楽しかった、と後年回想した」というのは出来事としてみれば事実です。しかし、そのことでその証言の解釈は定まりません。この証言について検討した小野沢あかねという歴史研究者は、そうした証言は、慰安婦になる前と後の暮らしが、どれほど悲惨なものであったか、という文脈と切り離せない、と指摘しています。慰安婦になった女性たちは、慰安婦になる前は、前借金《ぜんしゃくきん》に縛られて廃業の見込みのない売春婦として働かされていました。前借金とは、売春婦となる女性が売春業者から契約時に借りたお金のことで（多くは親など家族のため）、売春の売上によって業者に返済しなければなりませんでした。そして、彼女たちは、戦後も貧困や差別のために苦しい生活を送らざるをえませんでした。そうした戦後の悲惨な生活のなかで、より「まし」な過去として慰安婦時代を振り返る、という文脈が、こうした証言の背景にはあるのです（小野沢 二〇一四）。

回 歴史認識問題の二つのレベル

従軍慰安婦問題をはじめとする、東アジアのいわゆる歴史認識問題には、第一に、どのような出来事が起きたのか、という出来事レベルでの認識の共有に失敗していること、第二に、出来事レベルでの認識の共有の失敗が、その出来事をどのように解釈するか、という解釈レベルでの認識の亀裂を拡大させてしまっていること、という二つの問題が含まれています。「歴史認識問題」といえば、「考え方」、つまり解釈レベルでの対立のように捉えられがちですが、解釈の前に、まず出来事レベルでの認識の共有ができているかを確認しておくことが必要です。

従軍慰安婦問題の焦点の一つは、慰安婦の「強制連行」はあったのか、なかったのか、という点です。これは、多分に「強制」という言葉の定義の問題です。一般的に「強制される」というのは必ずしも腕力を用いて何かをやらせる、ということを意味するわけではありません。たとえばハラスメントで職場を辞めざるをえなくなった人が、自分で辞表を書いて職場を辞めたからといって、それを「自由意思」で辞めたとは考えないでしょう。前出の小野沢は、女性たちが「自由意思」で慰安婦になったのか、それとも「強制」で慰安婦になったのかという二者択一を問うことにはあまり意味はないと述べています。なぜなら、「そもそも完全な『自由意思』を持つ人間は存在しないし、同時にほとんどの人々に（たとえ奴隷でも）意思は存在する」からです。それにもかかわらず、なぜある論者は「強制」という言葉の意味を狭く解釈し、政府の役人や軍人が腕力で人に何かを行わせること、という意味に狭く解釈するのか、その意図が問われなければなりません。

しかし、意図の問題はさておくとしても、従軍慰安婦をどのように集め、どのように働かせたか、という出来事レベルの認識については、現在では、多くの研究者の努力によって、相当程度の事実が明らかになっています。

ところが、二〇一四年八月に、『朝日新聞』が、吉田清治という人物の証言をかつて取りあげたのは間違いであった、という発表を行うと、従軍慰安婦に「強制」はなかった、「強制」を認めた日本政府の談話（一九九三年の河野官房長官談話）は撤回すべきだ、といったキャンペーンが巻き起こりました。吉田清治の証言というのは、朝鮮半島の済州島《チェジュド》で、戦時中に自らが女性を暴力的に集めて慰安婦とした、というものですが、この証言に信憑性がないことは、研究者のあいだでは以前から知られていたことでした。『朝日新聞』が記事を訂正し、吉田証言は虚偽であることを認めたからといって、吉田証言以外の史料に基づいて進められてきた研究が否定されるわけではありません。つまり、吉田証言の否定によって従軍慰安婦にかかわる出来事レベルでの認識が一変するような状況にはなかったのです。

したがって、「強制連行」否定派がことさらにこの問題を取りあげて、この記事の撤回だけで状況が大きく変わったかのように論じるのには無理があります。しかし、この吉田証言問題から何らかの教訓が得られるとすれば、出来事レベルでの認識を共有することに最初の段階でつまずいてしまうと、立場の違う者、意図の違う者のあいだで過去を共有することが困難になってしまうということです。言い換えれば、過去をめぐる紛争を、一定の範囲内でおしとどめることが困難になってしまうのです。

こうした紛争が拡大してしまうと、人々が協力しあうことは難しくなります。人々が相互に協力しあい、地域で、国レベルで、また国際的にも社会とよべるものを形成していくためには、出来事レベルでの過去の共有をすることが、その第一歩になります。

従軍慰安婦問題について、日本政府によるそうした努力がまったくなされなかったわけではありません。たとえば、一九九五年に発表されたいわゆる「村山談話」のなかでは、「日本と近隣アジア諸国との関係にかかわる歴史研究を支援」することがうたわれ、これに基づき設置された「アジア歴史資料センター」では、日本と近隣諸国の関係にかかわる日本政府の公文書がインターネットで公開されるようになりました。

また、この時期に慰安婦問題に関する政府保管史料の調査がすすめられ、女性のためのアジア平和国民基金編『政府調査「従軍慰安婦」関係資料集成』（龍溪書舎、一九九七～九八年）として刊行されたことも忘れてはなりません。実は、前に触れた、慰安婦募集に関する政府の関与を示す、上海総領事館から国内警察宛の文書は、この時の調査公開によってはじめて明らかになったものです。しかし、この文書は、政府のアーカイブズとして保存していたものではなく、元内務省職員から、警察大学校に寄贈され、一九九六年に国会での審議を受ける形で警察庁によって公開されたものです。つまり、これも、政府が適切に管理せず、職員が私物として持ち帰った文書なのです。

歴史認識は、互いに一致できたからといってそれだけで新しい社会をつくるための構想を生み出すわけではありません。しかし、歴史認識の大きな対立は、新しい社会を作るための妨げになることは確かです。また、歴史は立体的なもので、みる立場によってみえ方が異ってくるのも当然のことです。しかし、それが人々のあいだに深刻な亀裂をもたらさないようにするためには、まず出来事レベルでの認識を共有し、解釈レベルでの対立が一定の範囲内に収まるようにする努力が必要なのです。

政治家は、歴史認識問題について「未来志向」という言葉を用いることがあります。これが、過去のことはきれいさっぱり忘れてしまおう、という意味ならば、それはむしろ問題を過去に押しやるだけで、そうして押しやられた過去は、いつか再び現代社会に噴出してきて、未来を作ることの妨げになってしまうでしょう。過去を、相互不信を生み出す源泉ではなく、認識の共有の場とすることは、人々が協力しあい、〈私たち〉として、未来を作っていくための必要条件なのです。

〈参考文献〉
小野沢あかね［二〇一四］「芸妓・娼妓・酌婦から見た戦時体制」歴史学研究会・日本史研究会編『「慰安婦」問題を／から考える――軍事性暴力と日常世界』岩波書店
笠松宏至［一九八三］『徳政令――中世の法と慣習』岩波書店
瀬畑源［二〇一一］『公文書をつかう――公文書管理制度と歴史研究』青弓社
永井和［二〇〇〇］「陸軍慰安所の創設と慰安婦募集に関する一考察」『二十世紀研究』第一号、七九〜一一二頁

ジャン・ファヴィエ（永尾信之訳）［一九七一］『文書館』白水社

第11章

公――「生活の場」「生産の場」「保障の場」を作りかえる

回「公」、そして「公共性」という言葉

日本ではよく「公共性」という言葉が使われます。公共性とは、広く社会一般に影響を与える性質や事柄をさし、物事が特定の集団にではなく、社会全体にひらかれているときに用いられます。たとえば、「公共性の高い仕事に就く」「公共性のある事業を行う」という具合に使われます。

ところが、社会学者の盛山和夫によると、実は、公共性にあてはまる単語が英語にはな

いそうです（盛山 二〇〇六）。形容詞として「公」的なという意味をもつ「パブリック」（public）という単語があります。これを名詞として使うことはできますが、そのときには、一般大衆や人々という意味になります。あるいは、publicity ならば「外にひらく」というニュアンスを含む、広告や宣伝、公表という意味です。publicness をあてることはできますが、この語は必ずしも英語圏に普及した単語ではないそうです。

このように、「公」と「公共性」という二つの言葉のあいだには、単純にイコールで結びつけられない、何らかの関係があるようです。少しこの問題について考えてみましょう。「公人」と「私人」とを区別する発想自体は、古くはローマ法のなかにも見出されます。ですが、英語で、「公」的な、を意味する「パブリック」という語と、「私」的な、を意味する「プライベート」（private）という語を、「公と私」というふうに対比して扱うようになるのは、一七世紀末のことだといわれています。

そして、一八世紀から一九世紀になりますと、「プライベート」は、家族や友人から構成されるサークル、個人的な仕事をしたり、財貨を消費したりする領域、「パブリック」は、家族や親しい友人とは異なる、多様な人々が出入りするひらかれた領域、政治的な領域をさすものとして定着していきました。いまの私たちのイメージにだいぶ近づいていますね。

おもしろいことに、日本人は、この「パブリック」という言葉を欧米とは少し異なるニュアンスで翻訳しています。「公＝おおやけ」という字についてですが、大野晋によると「おおやけ」の語源は奈良時代にまでさかのぼれるそうです。もとは「大きな家（＝おおやけ）」をさしていて、そこから朝廷や幕府、政府、国家といった「支配者＝お上」を意味するようになったそうです（大野 一九六六）。

私たちは、個人には還元できない領域、社会にひらかれた領域ではなく、まず「支配者」という「主体」を「パブリック」の訳語にあて、その「主体」の担当する領域をさすものを「公」と位置づけたといえます。理屈から考えますと、支配者である「公＝おおやけ」に対比されるのは、支配される「主体」であり、その人たちが受けもつ領域になります。後者にあてられたのが「私＝し＝わたくし」です。英語では“private”は領域をさしていましたし、主体である「わたくし」は“I”として明確に区別されています。日本語では、主体と領域とが混じり合っており、一つの漢字「私」を使います。興味深い違いです。

みなさんの実感はどうでしょう。「公」的な、というと、すぐに政府やお役所といった「主体」が頭に浮かびませんか。「私」的なというと、「わたくし」にかかわること（わたくしごと）や企業といった「主体」のことが浮かばないでしょうか。

このように「公」や「私」を理解しますと、欧米のような文脈、つまり、個人にも政府にも還元できないような、社会的な領域の問題を考えなければならないとき、それまでとは違う、新しい言葉や考え方を作らなければならなくなります。それが「公共性」という言葉です。ちなみに、国会図書館の検索機能を使いますと、「公共性」という言葉がよくみられるようになるのは、君主と臣民という二項対立的な見方が弱まった戦後のことです。あるいは、日本国憲法が「公共の福祉」をうたったとき、明らかに国家や個人に還元されない社会的な領域を問題としていました。

「公」と「公共」を比べますと、後者には、支配者にも個人にも分類できない、そのあいだに存在する複数の人々が作りだす「共＝コモン」が加わっています。つまり、「おおやけ」という支配の主体をさすだけではなく、また「わたし」という個人にも還元できない、みんなにとっての共通のテーマを扱うような領域が問題とされているわけです。

政治学者の齋藤純一は、「公共性」という言葉は、（1）国家に関する「公的」な、（2）すべての人々に「共通の」、（3）人々に「開かれた」、という三つの意味が混じって用いられると指摘しました（齋藤 二〇〇〇）。たんなる「おおやけ」ではなく、支配者と個人のあいだにある領域を含んだ、欧米の「パブリック」という言葉のイメージにだいぶ近いですよね。

このような「公共性」という言葉の独特の成り立ちを知りますと、ある事実に気づきます。「パブリック」の反対は「プライベート」でした。また、「公的」な、の反対語は「私」的な、「共通の」の反対語は「個別の」、「ひらかれた」の反対語は「秘密の」と特定できます。ですが「公共性」の反対語はみつかりません。それだけ、私たちの分類にはあてはまりの悪かった、日本社会にはなじみの薄かった考え方だったのかもしれません。

◻ public financeとしての財政

日本と欧米のあいだで「パブリック」の見方が違ってきたように、"public finance"＝「財政」の見方も、欧米、とりわけ近代的な財政を生んだヨーロッパと日本とではかなり違っています。

そもそも、なぜ財政のことをpublic financeとよぶのでしょうか。財政とは、私たちが生きていくために不可欠で、特定集団にではなく、社会全体にひらかれた、つまりパブリックなニーズを満たしていくこと、そしてそのために求められる財源、すなわち税や借金を通じてニーズをファイナンスすることを意味しています。しかし、この英語圏での“public finance”という考え方、日本人にはなじみの薄かった発想に立って財政に光を当てすぎると、第2章で確認したような日本の歴史がうまく説明できなくなります。

第9章を思い出しましょう。市場経済化が進むにつれて、「プライベート」のなかでも「生産する場」である企業と「生活する場」である家族・コミュニティが分離していきました。人間の都市への移動が進むなか、「プライベート」にあった助け合いの領域の大部分が「生活する場」に委ねられました。一方、「生産する場」でも労働組合などの助け合いの領域は残りましたが、基本的にはお金を稼ぐことが目的とされ、そこで手にした賃金で自分たちの生活ニーズを満たしていくようになりました。

むろん、賃金が得られなくなれば、人々は生存の危機に直面します。また、コミュニティの解体が進んで「コモン＝共」も前ほど機能しなくなりました。だからこそ、ヨーロッパでは、人々が互いに満たしあっていた「共通のニーズ」を満たす仕組み、すなわち「保障の場」ともいうべき“public finance”＝「財政」が発展していったのでした。

これに対し、「パブリック」という発想が定着しておらず、主体としての「おおやけ」が強かった日本では、明治期以降、政府のエリートたちが軍事と経済に力を注ぎ、社会問題は後回しにされてきました。ですから、ヨーロッパと比べて、さまざまな問題は、家族やコミュニティなどの「生活の場」により強く委ねられ、人々は、企業を中心とする「生産の場」で稼いだお金で自分たちの生活を成り立たせなければなりませんでした。ヨーロッパであればパブリックなニーズ、つまり保障の対象となるようなものを、「生活の場」と「生産の場」とで、つまり政府に頼らず、自分たちで満たしてきたのです。こうして戦後生まれたのが、第2章でみた「自助努力」を土台とする「勤労国家」でした。

もう少し具体的にみてみましょう。私たちは、子育てや教育、病気や老後への備え、そして住宅といったさまざまなニーズを、政府などの公共部門＝おおやけに頼らず満たしてきました。たとえば、専業主婦が子育てやお年寄りの介護を担ってきたこと、あるいは企業が任意で行う福利厚生である法定外福利費が大きかったことを考えてみてください。さらにいえば、私たちは、これらのニーズを満たすために、政府に税を払うことではなく、自分たち自身で貯蓄することを選んできたのです。

日本の財政の特徴は、ヨーロッパであれば「パブリック」なものと考えられたニーズを、自分自身の勤労・貯蓄と分離したプライベートである家族・コミュニティ・企業などの助け合い、つまり自助と共助に委ねた点にありました。こう考えますと、依然として自己責任に支えられた日本の財政をどうするのか、人々に共通の「パブリック」なニーズを今後どうするのかという問題に加えて、たんなる欧米の制度のものまねではなく、「生活の場」「生産の場」、そしてパブリックな「保障の場」の関係をどう立て直していくのかが問われることになります。

回 縮減の時代に起きたこと

国連の推計にも明らかにされているように、二一世紀の終わりごろには、アフリカや中国、インドも含めて、人口成長率がゼロ近くまで低下するといわれています。産業革命以降の人口増大期は「近代」とよばれてきましたが、この時代がいよいよ終わりを告げようとしているわけです。

他方、人口減少が一定期間続くと、農業革命やエネルギー革命、産業革命といったイノベーションが起き、再び人口は増大局面を迎えることとなります。注意したいのは、この人口減から人口増に向かう転換期には、必ず人間と人間の協力関係が再構築され、そのなかから現代の「公共性」につながる動きが生まれてきたということです。

以下、鬼頭宏『人口から読む日本の歴史』（二〇〇〇年）を参考に、日本の例をみてみましょう。

最初の人口停滞・縮減期は、縄文時代の末期です。歴史学者の網野善彦が指摘するように、当時の平均寿命は三〇歳と短く、自然と人間の緊張関係のもと、高齢者や障がい者も含めて人間どうしが対等で、助け合って生きていました（網野 一九九七）。この人口減少期を経て、稲作農耕の受容と国家形成を柱とする弥生文化が登場し、身分制の社会への扉がひらかれることとなりました。

続けて、人口の停滞・縮減に苦しめられたのは、平安・鎌倉時代です。農業生産の行き詰まり、疫病の流行、さらには、温暖化、乾燥化が重なることで、人口停滞期が訪れました。農業危機のなかで、新たな土地の開発をめざす人々は、権利の保障を大寺社や大貴族に求め、荘園制という新しい土地制度が生まれました。軍事の担い手である武士たちは主従関係を結び、それはやがて、鎌倉幕府という新しい政治権力を生み出しました。また、宗教面では、浄土真宗や日蓮宗のような、これまでの仏教に対する批判を掲げる信仰が生まれ、各地で独自の集団が形成されていきました。人々は、それ以前と違う人間どうしの結びつき方を模索したのです。

三度目の人口停滞・減少期は、江戸時代です。エネルギーと食料を自給自足でまかなってきた鎖国期の日本にとって、打ち続いた自然災害、そして頭打ちとなった新田開発は、一八世紀から一九世紀にかけ三度目の人口停滞期をもたらしました。この時期は、領主によって行われていた貧民救済（「御救《おすくい》」）が、庄屋や名主といった村役人に代替され、村と村の枠組みを超えたニーズを満たすための組合村が生まれました。さらには、幕末の戦乱に侍以外の層が組み込まれることで、支配層の再編、「おおやけ」の変化が起き、明治期の近代国家が準備されました。

このように、近代以前の時代のなかで、人口が減少し、増大に転じる時期には生活・生産空間における「私」、人間と人間の「共」の担い手と範囲、そして、おおやけとしての「公」のあり方が大きく変化してきました。

四回目の人口停滞期に差しかかったいま、日本社会のあちこちでこれらの中身、関係の変化が起きはじめています。とくに、「生活の場」と「生産の場」の支え合いのなかで生活のニーズを満たしてきた日本社会にあっては、この問題はとりわけ重要です。そこで、少子高齢化や過疎地域の衰退といった問題に光を当て、これらの問題を乗り越えるために、人々がどのような変化を巻き起こしつつあるのか、具体例をみていくこととしましょう。

◙ 地域の発展と企業の発展を結びつける

少子化問題をみるとき、茨城県常陸大宮市にあり、医療、介護、リハビリを総合的に運営する医療法人博仁会《はくじんかい》の取り組みは、私たちに大きな希望を与えてくれます。理事長の鈴木邦彦さんは、出生率を高める方法は明白だと主張します。それは、産休・育休の充実、短時間勤務、そして保育施設の整備をしっかりと行うことです。

博仁会は、女性の職員さんの産休・育休の取得率がほぼ一〇〇％です。また、〇歳から三歳までの子どもをもつ職員さんに対しては、本人の希望に即して夜勤を免除し、仕事の開始時間を遅らせ、帰宅時間を早めるという短時間勤務措置をとっています。さらに、二〇一一年には院内保育所を設置しました。子どもと一緒に出勤・帰宅ができ、昼休みや子どもが病気になったときも、すぐに様子をみにいくことができます。

産休・育休によって出産の不安をやわらげ、職場復帰した人たちが子育てと就労を両立できるようにするための切れ目のない措置です。この措置が功を奏して、博仁会に勤務する女性職員さんの普通出生率は、全国平均、茨城県、常陸大宮市のいずれをも大きく上回っています。

医療法人博仁会　志村大宮病院

一方、これらの取り組みが法人経営に見逃せない負担を負わせているという問題があります。医療や介護への従事者が多い都道府県では、出生率が高いことが知られています（『日本経済新聞』二〇一四年八月二一日付）。出産期、育児期の環境整備がともなっていけば、きわめて有効な少子化対策となるのですから、こうした取り組みに対する財政的な支援は真剣に考えられるべきです。

ただ、他方で、地域を発展させ、人口減少を食い止めることが患者数や利用者の増大を生むからこそ、博仁会がこうした取り組みを率先して行ったという現実もあります。病院だけでなく、企業＝私の領域は、収益をあげることを目的にしています。しかし、人口が減少する社会では、収益をあげることと企業の「共」による社会的な貢献が矛盾しない状況を作らなければならなくなるということを示唆しています。

今度は高齢化のほうから問題を捉え返してみましょう。人間は誰もが最期のときを迎えます。厚生労働省「『介護保険制度に関する世論調査』について」をみますと、「現在の住まいで介護を受けたい」と答える人の割合が最も多い反面、介護を受ける際に最も困る点は「家族に肉体的・精神的負担をかけること」だと答えています。ここに、人生の終わりにあって、自分の家で介護を受けたいと願いつつも、家族への配慮から、施設への入所を強いられざるをえないという現実が見え隠れします。

広島県の福山市に拠点をもつNPO法人「地域の絆」の代表である中島康晴さんは、小規模多機能の介護事業を通じて、家族とともに、自分の生きてきた地域のなかで終わりのときを迎えたいと願う高齢者の思いと向き合って活動を続けています。

地域の絆 地域福祉センター仁伍

「地域の絆」が取り組んできたのは、介護を地域に「ひらく」ことでした。ある印象的な認知症患者への支援事例を紹介しましょう。

認知症高齢者の一人暮らしと聞くと、私たちは、「徘徊」「火の不始末」「不衛生」等のリスクをまっさきに想像してしまいがちです。でも、このような偏見は高齢者の地域での生活を難しくしてしまいます。こうした先入観を取り除くために職員さんたちが最初に取り組んだのは、実際に起きうる問題を地域で事前に説明し、リスクの予測可能性を高めることでした。

職員さんは、利用者さんとともに戸別訪問を行い、ご近所さん、出入り禁止となっていたスーパー、徘徊時に利用するタクシー会社、そして警察署などに対して、起きがちな行動を一軒一軒説明して回りました。

問題が事前に予測できれば、対応も可能になります。地道な努力の結果、スーパーの利用が認められ、タクシー会社からは徘徊時に事業所に連絡が寄せられるようになりました。警察も利用者さんを事業所に送り届けてくれるようになったそうです。それだけではありません。地域全体が自分の親を見守るさまを目の当たりにし、家族も疎遠になっていた利用者のもとを訪ねるようになりました。

「地域の絆」は、わずか一〇年のあいだに事業所を県内全域にひろげ、いまでは九カ所の事業所を構えるまでになりました。介護を地域に「ひらく」という試みは、人間のいのちにかかわる情報を地域全体で共有しあい、一つの家族のように、苦労や喜びを分かち合うことでもあります。そして、このことが企業の経営を支える重要な土台となっているのです。政府の提供する介護、人間の支え合い、そして企業の収益、「保障の場」「生活の場」「生産の場」の新しい結びつき、調和をみてとることができます。

回 過疎地域で起きつつあること

「消滅」さえもが叫ばれる過疎地域。そこでは、人々が生活の危機に直面しているからこそ、社会の変化がどこよりもはっきりと浮かびあがります。

「限界集落」という用語の発祥の地でもある高知県大豊町《おおとよちょう》庵谷《いおのたに》地区では、つい最近まで水道が通っていませんでした。県の英断によって簡易水道が敷かれることとなりましたが、施設管理はすべて集落の住民に委ねられています。住民は、料金を自分たちで決め、徴収なども自分たちで行い、高齢化がさらに進む将来のために、清掃や維持のための費用を料金に上乗せして積み立てています。

日本の集落は、歴史的に水の利用権をめぐって、激しい対立を繰り返してきました。庵谷地区でも地域内のすべての水源に、水の利用権である「水利権」が設定され、集落どうしの対立の原因となってきました。このような深刻な歴史があるからこそ、水源地の地権者がなかなか水道の設置に協力してこなかったのですが、集落存亡の危機に直面するなかで、土地の所有者が、水源の提供を申し出るという決断をしたのです。歴史的な対立を乗り越え、生きるために人々は協力を始めたのです。

大豊町からほど近い場所にある土佐町の石原地区をみてみましょう。石原地区の人々は、ガソリンスタンドやスーパーを提供していたＪＡ（農協）が地区から撤退するという問題に直面しました。生活店舗がなくなるばかりか、買い出しに必要な自動車やバイクのガソリンさえ手に入らなくなるというまさに緊急事態でした。ここでも住民は、四つの集落の垣根を越えて、「いしはらの里協議会」を創設し、ガソリンスタンドと生活店舗を地区住民が自主的に経営することを決定しました。

いま、過疎地域で起きているのは、生存や生活のニーズに迫られるなかで、人々がさまざまな垣根や困難を乗り越えて協力しあうという動きです。それだけではありません。水道施設であれ、ガソリンスタンドであれ、生活店舗であれ、社会的な資源の「共有化」が進められていることも注目すべき点です。

ただ、それは、財産の共有が当たり前だった江戸時代の村落秩序に戻るという単純な話ではありません。財政という生活保障システムができ、また、男女や年齢の違いが超えられ、さらには、若い人たちなどの「よそ者」が流入することさえ、地域の人々は受けいれつつあります。まさに新しい「生活の場」が生まれ、「生産の場」のあり方も変化を遂げつつあるのです。

回 三つの場を鋳なおす多様性の時代

このように都市部でも過疎地域でも、人口の急激な減少や人間関係の希薄化を背景としながら、「生活の場」と「生産の場」の再編が進んでいます。

たとえば、私が住んでいる神奈川県の小田原市も例外ではありません。小田原市では、二〇一六年度から乳幼児の医療費助成の所得制限がはずれ、小学校入学までの子どもは誰もが医療をタダで受けられるようになりました。また、小田原市を含む神奈川県内の自治体では、自治会のコミュニティ機能を活かしながら、見まもり介護や地域おこしへの取り組みを活発化させています。ここでも「保障の場」の機能が強化される一方、他方で「生活の場」が「保障の場」で果たされるべき役割を補完しているのです。

あるいは、地方創生のかけ声のもと導入された「地方中枢拠点都市」もそうです。これは、地方に拠点となる都市を設け、東京への一極集中を阻止するための「人口のダム」を作ろうというくわだてでした。その是非はともかく、その背後には、地方自治体が国の「おんぶにだっこ」になるのではなく、拠点となる都市と周辺自治体との水平的な助け合い、協働を推し進めようとする意図がありました。これもまた、国と地方自治体、自治体と自治体という「保障の場」の再編を意味するものだったということができます。

私たちはこれから、人口が急激に減少し、経済の成長がかつてほどには見通せない時代を生きていくこととなります。気持ちはどうしてもふさぎがちです。

でも、「希望」はあります。人間に大切なのは、人口増大や経済成長そのものではなく、どのように人間らしい生活を維持していくか、どのように将来の不安をなくしていくかということです。生活に必要なニーズを三つの場を鋳なおして満たしていく――まさにいま、地域が人口や経済の規模に応じて「生活の場」「生産の場」「保障の場」のそれぞれに力点を置きながら、それぞれの形で生活ニーズを満たしあっていく、そんな多様性の時代が訪れようとしているのです。

〈参考文献〉
網野善彦［一九九七］『日本社会の歴史（上）』岩波書店
井手英策・松沢裕作編［二〇一六］『分断社会・日本――なぜ私たちは引き裂かれるのか』岩波書店
井手英策・古市将人・宮崎雅人［二〇一六］『分断社会を終わらせる――「だれもが受益者」という財政戦略』筑摩書房
大野晋［一九六六］『日本語の年輪』新潮社
鬼頭宏［二〇〇〇］『人口から読む日本の歴史』講談社
齋藤純一［二〇〇〇］『公共性』岩波書店
盛山和夫［二〇〇六］「理論社会学としての公共社会学にむけて」『社会学評論』第五七巻第一号
リチャード・セネット（北山克彦・高階悟訳）［一九九一］『公共性の喪失』晶文社

第12章

希望――「まだ－ない」ものの力

回「希望」が語られる時代

「希望」が語られる時代があります。過去の新聞記事などを検索してみると、しばしば大きな災害や戦争の時代に「希望」という言葉が頻出し、経済成長や政治改革の時代にはあまり登場しないことがわかります。人があえて「希望」を語ろうとするのは、何らかの苦難や停滞の時代なのかもしれません。

ちなみに、ドイツのマルクス主義哲学者エルンスト・ブロッホが『希望の原理』（二〇二一〜二三年、原著一九五九年）という著作に着手したのは、ドイツにおいてマルクス主義の運動が壊滅し、彼自身亡命を余儀なくされていた時代です。未来の見通しがまったく立たない時期にあって、厳しい現状を耐え忍び、精神の力を見失うまいとするとき、人は希望を語るのでしょう。

ちなみに、現代日本はどうでしょうか。「希望」という言葉がしばしば人々の口をついて出るようになったのは、二一世紀への転換期でした。一例をあげれば、作家の村上龍は一九九八年から二〇〇〇年にかけて、小説『希望の国のエクソダス』を『文藝春秋』に連載しています。バブル経済の崩壊後、いよいよ長期不況の色が濃くなり、「失われた一〇年」が「失われた二〇年」へと拡大しようとしていた時期のことでした。このような時代の閉塞感を背景に、作家独自の感性は、主人公の少年に「この国には何でもある。本当にいろいろなものがあります。だが、希望だけがない」と語らせました。

ちょうど同じ時期、日本で話題になったのが、経済学者橘木俊詔の『日本の経済格差』（一九九八年）と、社会学者佐藤俊樹の『不平等社会日本』（二〇〇〇年）でした。長引く経済不況は、所得の不平等さを測るジニ係数の拡大をはじめとする日本社会の「格差拡大」への注目をもたらします。以後、「格差」と「貧困」が二〇〇〇年代を語るキーワードになっていきますが、「希望」が語られたのは、まさにその同時代でした。

ちなみに今日ではどうでしょうか。家族社会学者の山田昌弘の『希望格差社会』(二〇〇四年)や、東京大学社会科学研究所の『希望学』(二〇〇九年)の時期と比べると、近年ではこの言葉を目にする機会はやや減少しているのかもしれません。

もちろん、いまでも小説のタイトルに「希望」が登場することはあります。近年、作家の宮部みゆきによる『希望荘』(二〇一六年)が話題になりましたが、そこにみられるのはむしろ絶望の気配でした。連作短編に描かれるのは、高齢者の孤独、離婚や家族の崩壊、そして東日本大震災の傷跡です。

「その部屋には絶望が住んでいた」——遠い過去の犯罪とともに思い起こされる安アパートに、作家はあえて「希望荘」という名前をつけています。それは逆説なのか、あるいは、絶望の先に何かを見出そうとしているのか。ある意味で、「希望」という言葉に対してすら、屈折した思いを感じとっているのが、現代日本社会なのかもしれません。

回「まだ—ない」ものと希望

すでに言及したように、ドイツのマルクス主義哲学者ブロッホは、その苦難の時代に

『希望の原理』を準備しました。ユダヤ人であったブロッホは、一九三三年のナチス政権成立後、ドイツを離れ、アメリカで長期にわたる亡命生活を送ります。『希望の原理』が最終的に刊行されたのは一九五九年ですが、この作品が彼の長い亡命生活の産物であったことは明らかです。

ブロッホはマルクス主義者ですが、異端的なマルクス主義者といわれることも少なくありません。マルクス主義は宗教に対して、しばしば批判的な姿勢をとるといわれますが、ブロッホは『希望の原理』のなかでむしろ、キリスト教にとどまらず、孔子や老子といったアジアの哲人にまで言及します。希望をめぐる言説を求めて、ブロッホは哲学や文学のみならず、あらゆる思想的伝統のなかに踏み込んでいくのです。

そのようなブロッホは、希望を「まだ―ない」(Noch-Nicht)ものとして捉えます。ブロッホはジークムント・フロイトの精神分析にも強い関心を示しましたが、精神分析において注目されるのは、「もはや―ない」ものの意識です。フロイトは、精神病患者の症状の背景に、患者の過去のトラウマを見出しましたが、患者は多くの場合、そのような過去の出来事を忘れています。そのような過去は忘れられ、「もはや意識されない」にもかかわらず、現在の患者に大きな影響を与えているのです。そのような「もはや―ない」過去を記録に残し、社会的に共有していくことの大切さと難しさについては、第10章「歴史認識」でも触れたとおりです。

　そうだとすれば、人間は「まだ―ない」未来によっても影響されているのかもしれません。もちろん、人間は未来をはっきりとは捉えていません。未来を完全にコントロールすることもできないでしょう。にもかかわらず、人間は「もはや―ない」過去によって規定されているのと同じように、「まだ―ない」未来によっても規定されているのではないか。ブロッホはそのように問いかけたのです。

　人々は無意識のうちに未来に対してある種の態度をとっているが、その態度は現在の自己のあり方に影響を及しているはずだ。このような問題意識を、ブロッホは「希望」という概念に託したのです。

　それではなぜブロッホは、亡命中の苦しい日々を過ごすなかで、「まだ―ない」希望に着目しつづけたのでしょうか。現実には、マルクス主義の運動は壊滅状態にありました。それどころか、ナチス・ドイツの勢いがますます強まっている状況です。そのような環境において、ブロッホにとって、他のマルクス主義者のように「必ずプロレタリアート（無産労働者）による革命が起きるはずだ」と主張するのは難しかったはずです。

にもかかわらず、ブロッホは、現在の社会のなかには、来るべき未来を実現していく社会的な力が隠されていると考えました。そのような力は現在まだ潜在的なものにとどまっているかもしれません。しかしながら、その秘められた力はいつか必ず明らかになります。そうであるならば、いまは目にみえないとしても、やがて未来を形成する力を信じること、そのような未来への姿勢こそが、いまの自分たちのあり方を決定しているとブロッホは主張したのです。

回 オバマの「希望」

未来における変革を生み出す、現在の社会に潜在する力。ブロッホはそのような力を信じ、「希望」とよびました。このような発想は、現在でもみられます。最もよく知られている例は、アメリカ大統領であったバラク・オバマの掲げた「希望」でしょう。

無名の若手上院議員にすぎなかったオバマが一躍、全米的な知名度を獲得したのは、二〇〇四年の民主党党大会における基調演説です。この演説のタイトルは「大胆不敵な希望」（The Audacity of Hope）でした。あるいはむしろ「（現在の状況において）希望を語る大胆不敵さ」と訳すべきでしょうか。いずれにせよ自らの反時代性を自覚しつつ、それでもあえて希望を語ろうとするオバマの姿勢を示したものでした。オバマは同じタイトルで本を執筆し、〇八年大統領選に勝利します。

この本のなかでオバマは、「希望」が「安易な楽観主義」(blind optimism)とは区別されるものであることを、繰り返し強調しています。何か未来にいいことが起こりそうだとか、ともかく明るく前向きにやっていくべきだという精神論とオバマは一線を画そうとしたのです。

2004年の米民主党大会で基調講演をするオバマ氏　AFP＝時事

それでは、オバマのいう「希望」と「安易な楽観主義」とはどこが異なるのでしょうか。オバマはむしろ、厳しい現状を「耐える」ことを強調します。希望は目にみえるものではありません。何らかの証明をすることも不可能です。しかし、人々がそのような希望を信じ、苦難を耐え、働き、戦うことではじめて変革は可能になるとオバマは説きます。

このようなオバマの語り口は、ある意味で、キリスト教における救済を想像させるものがあります。しかしながら、オバマが強調するのはあくまで政治と民主主義の未来です。政治や民主主義とは、「私たちのなかにすでにある」(オバマ)ものを、すなわち私たちが潜在的に希望しているものを、言葉を通じて可視化し、人々の力を結集することで社会を変革していくことです。その意味で、政治や民主主義には、「希望」が不可欠であるとオバマは説きました。

もちろん、現実のオバマ政権は、アメリカ政治を分断する左右のイデオロギー対立に苦しみつづけました。めざした国民皆保険制度、いわゆるオバマ・ケアも、決して思ったような形では実現しませんでした。オバマはこの制度を、アメリカ社会における信頼の基礎としようとしましたが、その道のりは険しいといわざるをえません。外交にしても、孤立主義の色を深めるアメリカの現状と、国際秩序において果たすべき役割の矛盾を最後まで乗り越えることができませんでした。

期待が高かっただけに失望も大きく、そのような失望が、あるいは二〇一六年の大統領選におけるドナルド・トランプの勝利の一因になったのかもしれません。にもかかわらず、分断の時代であるからこそ、そして明確な未来像が示しにくい時代だからこそ、政治と民主主義に「希望」が不可欠である。このように説きつづけたオバマのメッセージは、オバマ政権が終わったあとにおいてこそ、意味をもってくるはずです。

回「第二の近代」と希望

現代においてなぜ「希望」が問題になるのか。このことをもう少し長い歴史の射程において捉えてみましょう。

第3章の「時代」で、「近代」という時代について触れました。この時代を支えたのは、ある意味で「進歩」という理念だったのかもしれません。昨日より今日、今日より明日、そして親より子どもの時代に、社会はより豊かに、より幸福なものとなる。このような信念が社会において共有されていた時代に、主導的な役割を果たしたのは「進歩」という理念でした。思想史的にいうと、このような理念が成立したのは、一八世紀半ばの西欧です。

それでは、それ以前の時代には、「進歩」の理念は存在しなかったのでしょうか。ある意味において、人類の歴史において長いこと、人々は社会のあるべきモデルを未来ではなく、過去に求めてきました。政治や社会が混乱におちいるたびに、人々は古きよき時代の、父祖の伝統にさかのぼろうとしたのです。

西欧においてしばしばモデルにされたのは、古代ギリシャやローマの伝統です。東アジアにおいても、堯《ぎょう》・舜《しゅん》・禹《う》といった伝説の帝王の事績が参照されたり、あるいは古代の周の時代が規範になったりしました。日本の江戸時代においても、「神君家康公の時代に戻れ」と繰り返し号令がかけられたことが思い起こされます。

ところが、一七世紀の終わりから一八世紀にかけて、主としてフランスで「古代人・近代人論争」なる議論が沸き起こります。古代の著作家、たとえば古代ローマの詩人ヴェルギリウスに対し、ルイ一四世治下のフランス文学者たちは決して劣らないのではないか。いやむしろ、より優れているのではないか。他愛もない論争にもみえますが、このあたりから、「人類社会のモデルは過去にある」という発想が揺らぎだしたのです。やがて彼らは「進歩」という理念を発展させ、人類は未来に向かって発展していると主張するに至ったのです。

このような発想はやがて進歩主義とよばれるようになります。一八世紀の啓蒙思想は、人類は理性の力で、無知や野蛮を克服していくことができると主張しました。フランス革命によって開幕した一九世紀は、イデオロギーの時代ともよばれますが、自由主義や社会主義といったイデオロギーは、それぞれに社会の発展の見取り図を描き出しました。人間の力によって理想の社会が実現できるという発想は、「革命」の時代を出現させたのです。

一七八九年のフランス革命から、一九一七年のロシア革命に至る一〇〇年余りの時代は、まさにそのような「イデオロギーと革命」の時代でした。

二〇世紀も後半になると、そのような革命への動きにはブレーキがかかります。とはいえ、欧米諸国を中心に経済成長への夢が熱く語られ、GDPという指標に注目が集まったたこの時代は、いまだ「進歩」を信じつづけた時代だったのかもしれません。しかしながら、一九七〇年代のオイルショックを機に多くの先進国で経済成長は鈍化し、「進歩」の時代の終わりが語られるようになりました。あわせて「近代」という時代区分が問い直されたのです。

ある意味で近代化も一段落したのであり、今後は経済成長とは異なる価値が追求されるべきではないか。近代化は環境破壊をはじめとして、悪しき側面ももつのではないか。近代社会の変容が感じられるようになったこの時期、「第二の近代」が語られるようになりました。もちろん、「近代」が否定されたわけではありません。とはいえ、「近代」は、自らの生み出した変化の帰結を含め、あらためてその意義を問いなおされているのです。

その意味でいうと、「進歩」が「第一の近代」を主導する理念であったとすれば、「第二の近代」を動かす理念として、「希望」に注目が集まっているのかもしれません。「進歩」の理念が楽観的に、未来に向かっての発展を説いたとすれば、「希望」はむしろ、未来についてはるかに懐疑的です。

未来社会がどのようなものになるかはわかりません。それが人類にとってよりよいものであるかも、確かなことはいえません。しかし、未来はただ混沌としているとか、あるいは未来はただよくなったり悪くなったりの繰り返しだというばかりでは、前に進む力は生まれてきません。

未来に向かって、人類の、そして一人ひとりの人間にとっての何らかの推進力が模索されるなか、そのような思いが「希望」という理念に託されているように思われてなりません。

回 希望と社会科学

このような希望の概念は、社会科学とどのようなかかわりがあるのでしょうか。

現在の社会科学において、希望と似た概念として「幸福」を指摘することができるでしょう。人々はいかなる条件のもとにあるとき「幸福」と感じるのか。主として、所得や経済成長と人々の幸福感との関係を探る研究が、「幸福の経済学」の名のもとで展開されています。よく知られているように、ある段階までは所得の伸びと、人々の幸福感とのあいだには、明らかな結びつきがあります。しかしながら、所得も一定の段階に達すると、幸福の増進にはつながらなくなります。人々は幸せを、経済的豊かさ以外のものに求めるようになるからです。個人の自由やコミュニティとの結びつき、健康や文化的な生活などがそれです。

それでは、幸福と希望とはいかなる関係にあるのでしょうか。一つ指摘できるのは、希望には時間という次元が入ってくるということです。幸福が現在の生活に対する満足を示すとすれば、希望にはいまだ実現していない未来へのかかわりが含まれます。すなわち、希望には、現状に満足せず、未来において何らかの変化を引き起こそうとするとする契機があるのです。「まだ―ない」未来へのコミットメントこそが、希望の希望たる本質を成しているのです。

希望と対比できる概念としては、「未来予測」をあげることもできます。何らかの意味で未来を予測したり、そこで起きうる機会とリスクを計算したりすることについては、社会科学においてもさまざまな試みがなされてきました。しかしながら、ここまでも述べてきたように、希望がむしろ、未来がはっきりと示されていない時代にこそ着目されてきたことを考えると、希望と「未来予測」や「リスク・マネジメント」などとを同一視することはできません。

　現在の私たちは、未来について、きわめて見通しの悪い時代を生きています。二世紀以上にわたって進歩主義が優位してきた「第一の近代」はもはや過去のものとなりました。そうだとすれば、いま、私たちに必要なのは、安易に未来を語ることではありません。

　もちろん、人口や人々の寿命、社会保障や財政状況、さらにはＡＩがもたらす影響など、いろいろな未来予測が話題になっています。これらの予測には、確固としたデータに基づくものもあれば、むしろ数少ない要因から未来を強引に推測しようとするものもあります。いずれにせよ、それらの未来予測に基づいて、私たちは社会やそこでの自分の暮らしについての判断を行っていきます。あるいはそこでのリスクを減らすよう、努力しています。

　とはいえ、本質的に見通しの悪い時代を生きている私たちは、限定された情報に基づいて未来をこうなるものだと決めつけることには慎重であるべきでしょう。未来にはつねに不確定性があります。それは私たちにとって不安をもたらすものであると同時に、可能性を感じさせてくれるものでもあります。

　人間とは未来を完全に予測できても、逆に未来をまったく予測できなくても、生きていく力を得られない生き物です。人間はある意味で、自分が本当に何を希望しているのか、よくわからないままに行為し、行為ののちに自分の希望に気づくこともあります。人間の主体性そのものが、そのような行為の過程で変化していくからです。

社会科学の務めは、未来を完全に予測することでも、逆にそれをランダムな偶然的現象として捉えることでもありません。人間の知が何を、どこまで明らかにすることができるのか、逆に、どこからははっきりしたことをいえないのか。これらのことを自覚的に追究していくことが、社会科学の課題です。

この本を読んできたみなさんは、社会科学の力によって、社会の過去と現在を読み解く力を得たはずです。そして過去と現在の問題に向き合うことで、はじめて未来へと進む力を得ることも理解しているはずです。

今日、私たちは、目の前を進行するさまざまな危機に対し、ときにはひるんだり、あるいはおびえたりしながらも、それでも「いま」を生き、「いま」を変えようとしています。第11章の「公」で触れたさまざまな取り組みも、「いま」を変えようとする試みの現れでした。そのような「いま」の向こうには、何がみえるのでしょうか。かつての時代のように楽観的に進歩を信じることができないとしても、かすかに「希望」はみえてこないでしょうか。

そのような「希望」は、「私たちのなかにすでにある力」を顕在化させることにあります。そしてそのような力をはっきりと見定めるためには、「社会科学」の力が必要です。かつてイギリスの経済学者アルフレッド・マーシャルは、「ウォームハート」（温かい心）と「クールヘッド」（冷静な頭脳）の必要性を説きました。希望という「ウォームハート」と社会科学という「クールヘッド」を結びつけること、これこそが本書のメッセージなのです。

〈参考文献〉

佐藤俊樹［二〇〇〇］『不平等社会日本――さよなら総中流』中央公論新社
橘木俊詔［一九九八］『日本の経済格差――所得と資産から考える』岩波書店
東京大学社会科学研究所・玄田有史・中村尚史・宇野重規［二〇〇九］『希望学』全四巻、東京大学出版会
エルンスト・ブロッホ（山下肇ほか訳）［二〇一二―一三］『希望の原理』全六巻、白水社
宮部みゆき［二〇一六］『希望荘』小学館
村上龍［二〇〇〇］『希望の国のエクソダス』文藝春秋
山田昌弘［二〇〇四］『希望格差社会――「負け組」の絶望感が日本を引き裂く』筑摩書房

B. Obama [2006] *The Audacity of Hope: Thoughts on Reclaiming the American Dream*, Crown Publishing（バラク・オバマ〔棚橋志行訳〕［二〇〇七］『合衆国再生——大いなる希望を抱いて』ダイヤモンド社）

あとがき

――大人のための社会科、その産声に込められた願い

この本が生まれた理由を思い出そうとすると、いまから一〇年以上も昔にさかのぼらなければなりません。そう。物語のはじまりは二〇〇四年のことです。僕は、ある経済政策の教科書を執筆するプロセスで、有斐閣の編集者、長谷川絵里さんと出会いました。ちょうどそのころ、小泉純一郎政権のもとで、新自由主義に支えられた政策が次々と打ち出されていました。「効率性」という言葉が呪文のように唱えられ、「官から民へ」の大合唱が起きていました。時代の雰囲気に背中を押されていたのかもしれません。気がつくと、僕と長谷川さんはいつしか、「これじゃあ日本は大変なことになるね」「いまの社会科学のオルタナティブ、代わりとなるような選択肢をいつか、きっと作らなければいけないね」、そう熱く、夢を語り合うようになっていました。

そんな想いも半ばだった二〇一一年、僕は大きな病に倒れました。義理堅いのか、仕事中毒なのかわかりません。退院してまもなく、記憶もよく定まらないなかで、長谷川さん、そして同じ有斐閣の編集者・柴田守さんと約束していた仕事に取りかかり、『財政赤字の淵源』（二〇一二年）という本を何とか出版しました。

後遺症の心配もありました。だからでしょうか。三人で食事をしていたとき、若いころの長谷川さんとの約束が忽然とよみがえったのです。人間はいつ死ぬかわかりません。何としてでも社会科学のオルタナティブへの足跡を残さなければという強い衝動におそわれました。これが、この本を世に問おうと本気で思った、最初の瞬間でした。

社会科学のオルタナティブ――この大目標をうたう以上は、各領域で活躍する一流の研究者との対話が必要です。自分の専門を超えて、最初の一歩を踏み出そうとしたそのとき、まっさきに名前が浮かんだのが宇野重規さんでした。

宇野さんの専門は政治思想史と政治哲学。堅そうな学問ですが、宇野さんは、現実に対する鋭いメッセージを、論壇の第一線で発信しつづけていました。思想を抜きに社会は語れない、何があっても説得する、そんな強い気持ちで研究室にうかがいました。でも、危機感を分かち合うのに時間は必要ありませんでした。宇野さんはまさに二つ返事、屈託のない笑顔で快諾してくれました。

いま思えば、まったく無計画なお願いでした。思いばかりが先走り、具体的な企画案があったわけではありません。それどころか、その後、僕がフルブライト・プログラムで一年のアメリカ滞在が決まっていたため、状況を動かすことができるようになるのは二〇一四年。それでも、宇野さんはこの企画のはじまりをじっと待っていてくれました。

ただ、開きなおるわけではありませんが、企画が二〇一四年に先送りされたことで、「二つの幸運」がもたらされました。

帰国してすぐに声をかけたのは、坂井豊貴さんでした。坂井さんは国際的に活躍する経済学者、あえていうならば、新自由主義的な議論に収まりのよい、まさに主流派のど真ん中にいる経済学者でした。ですが、僕らは同じような本を読み、同じような思想、価値観をもっていました。そして、話をしていくうちに、良質な経済学者は、立場の違う学者の議論もちゃんと理解する、そんな当たり前のことに気づかされました。

既存の社会科学のオルタナティブを考えるのであれば、乗り越えるべき主流経済学の議論は無視できません。思いきって坂井さんに声をかけることにしました。ちょうどそのころ、坂井さんは『多数決を疑う』（岩波書店、二〇一五年）というすばらしい著作を執筆していました。研究だけではなく、社会へのメッセージを大切にしはじめていた、研究者としての転機を迎えていたのが坂井さんにとっての二〇一四年だったのでしょう。彼もまた、宇野さんと同じく、僕の思いを温かく受け入れてくれました。

もうひとつの幸運、それは、二〇一四年四月に、僕の尊敬する歴史家、松沢裕作さんが慶應義塾大学の経済学部に赴任してきたことでした。彼のデビュー作ともいうべき『明治地方自治体制の起源』（東京大学出版会、二〇〇九年）は、僕にとって衝撃的な一冊でした。歴史学は、一般には人文科学に分類されることが多いのですが、この本はまさに社会科学としての膨らみをもっていましたし、三〇代前半で書かれた本でしたが、研究の構えの大きさ、懐の深さがまさに別格でした。社会を語れる歴史家の参加なしではこの企画は成立しない、そう考えましたし、松沢さんが加われば厚みのある一冊になると確信してもいました。

ただ、正直にいえば、松沢さんとはほとんど面識がありませんでしたし、あのような大著を書く人が一般書の企画に参加してくれるとも思えませんでした。でも、これもタイミングなのでしょう。松沢さんも、同じころ、『町村合併から生まれた日本近代』（講談社、二〇一三年）という、わかりやすく、現代的な示唆に富む本を世に問うていました。社会科学としての歴史、つまり、歴史家としていまをどう捉えるかを考えつつあった時期だったのだと思います。松沢さんもまた、僕の心配をよそに、快く企画に同意してくれました。

なぜ、まったく専門の異なる僕たち四人が、社会科学の旗のもとに集まったのか。意外と思われるかもしれませんが、答えは簡単でした。それは、日本社会が移りゆく時代の転換点にあって、いまの社会状況に対して、いまの知的状況に対して、それぞれがはがゆさ、違和感を抱きしめていたからです。もし五年、いやもう三年早ければ、この企画はおそらく成立していなかったに違いありません。不思議なタイミングだったと思います。

その後、長谷川さん、柴田さんに加え、別のプロジェクトでご一緒した岩田拓也さんにも加わっていただきました。著者四人に対して編集者三人という、贅沢で、異例ともいうべきチーム編成で、僕たちの議論は始まりました。そこからはまさに一気呵成、二年の時間を費やし、毎回三〜四時間、のべ九回にわたって議論を積み重ねました。

僕たちがいつも頭の片隅に置いていたのは、社会を「特定の専門領域だけで切り取らない」ということでした。ですから、参加者全員が一人の専門家に対して容赦なく疑問をぶつけました。何度も原稿を書き、批判しあい、修正に修正を重ねました。それぞれの章がどうつながるのか、各人が何を問題にしているのか、徹底的に議論しました。つらく、緊張に満ち、ヘトヘトになる時間ではありましたが、これほど愉しく、あっという間に終わった研究会を僕たちは知りません。

こうして、難産の果てに、この本は産声をあげました。志は高く、でも記述は平易に、社会について考えたいみなさんのための『大人のための社会科』です。たくさんの時間をかけてできあがった本ですから、みなさんにどのように受けとめられるのか、正直、心配ではあります。ですが、思いが正しく伝わり、そのうえで与えられる批判は、僕たちにとっての財産となります。社会について考え、論じ合うことの愉しさが少しでも伝わったのであれば、その批判も心地よい痛みとなるに違いありません。

二〇一七年五月

小田原の祭り囃子を聞きながら

井手英策

索　引

事項索引

●さ　行

●た 行

●な 行

●は 行

●ま　行

●ら　行

●わ　行

人名索引

大人のための社会科——未来を語るために

Invitation to Social Sciences

2017年 9月 1日　初版第1刷発行
2017年11月20日　初版第4刷発行

著　者　井《い》　手《で》　英《えい》　策《さく》
　　　　宇《う》　野《の》　重《しげ》　規《き》
　　　　坂《さか》　井《い》　豊《とよ》　貴《たか》
　　　　松《まつ》　沢《ざわ》　裕《ゆう》　作《さく》

発行者　江　草　貞　治

発行所　株式会社　有　斐　閣

郵便番号 101-0051
東京都千代田区神田神保町 2-17
電話 (03) 3264-1315〔編集〕
(03) 3265-6811〔営業〕
http://www.yuhikaku.co.jp/

印刷・株式会社理想社／製本・牧製本印刷株式会社
カバーイラスト・田中圭一

ISBN 978-4-641-14920-5